1001 Most Common French Words in Context

Raphaël Pesquet

Copyright © 2023 Raphaël Pesquet

The content contained within this book may not be reproduced, duplicated or transmitted without direct written permission from the author or the publisher. Under no circumstances will any blame or legal responsibility be held against the publisher, or author, for any damages, reparation, or monetary loss due to the information contained within this book, either directly or indirectly.

Legal Notice : This book is copyright protected. It is only for personal use. You cannot amend, distribute, sell, use, quote or paraphrase any part, or the content within this book, without the consent of the author or publisher.

Disclaimer Notice : Please note the information contained within this document is for educational and entertainment purposes only. All effort has been executed to present accurate, up to date, reliable, complete information. No warranties of any kind are declared or implied. Readers acknowledge that the author is not engaged in the rendering of legal, financial, medical or professional advice. The content within this book has been derived from various sources. Please consult a licensed professional before attempting any techniques outlined in this book

By reading this document, the reader agrees that under no circumstances is the author responsible for any losses, direct or indirect, that are incurred as a result of the use of the information contained within this document, including, but not limited to, errors, omissions, or inaccuracies.

Picture on cover : https://fr.freepik.com/vecteurs-libre/composition-ronde-paris_9462291.htm

Table of Contents

Raphaël Pesquet 1
Table of Contents 3
About the author 4
Introduction 5
How to get the most of this book ? 8
To be kept in mind 10
The 1001 most common words of the French language 13
I need you 136
Useful everyday phrases you need 137
    Les nombres - The numbers 137
    Se présenter - Introduce yourself 139
    La famille - The family 141
    La nourriture - The food 143
    Les transports - The transport 145
    Les loisirs - Leisure activities 147
    Au restaurant - At the restaurant 149
    Les couleurs - The colors 151
Conclusion 154

About the author

Hello, my name is Raphaël Pesquet ! I was born, raised and live in France (*in a small town near Paris*). I started learning English as a second language when I was five years old, my mother encouraged me... and I absolutely loved it !

Today, I am bilingual in French and English and my passion is to teach French to people like you who want to discover the French language and culture.

Currently, I teach French online and have already helped over 250 people become fluent in French... and I don't plan to stop there ! My goal is to help more than 100'000 people discover France (its language and culture). In this book, I will share with you all my tips and methods to help you speak French in everyday life.

We will see real everyday conversations between French people and little stories that are easy to understand. So you can be inspired by the questions and answers when you come to France or to a French speaking country to travel. So I hope you're motivated, because you're about to dive into French culture ! Let's get started right away.

Introduction

Congratulations, you've done it ! Many people want to learn French but few of them really take the plunge. If you're here, it means that you're a motivated person and that you're taking action... and that's the first step to mastering our beautiful language, French ! And I can tell you that you are in the right place.

Indeed, in this book I will introduce you to the 1001 most used words in the French language, and I will give you each time a sentence from everyday life where the word will be used in context. You will learn words... but also sentences from everyday life ! So if one day (*and I hope you do*) you travel to France, you will be able to speak with the locals without difficulty.

So why is this kind of book so effective ? In fact, this book perfectly respects the law of the Italian economist Pareto, you surely know the famous 80-20 notion. The law reveals that 20% of the causes produce 80% of the consequences, and vice versa. In the case of the French language, we can also use this law to our advantage.

Indeed, the French language contains about 59,000 words (according to the Larousse dictionary)... **yet, according to estimates, these 1000 words constitute about 65% of the spoken language !** So by studying the 1,000 most commonly used words in a language, you can get an excellent level of understanding in a very short time. And all this is because the words you will discover in this book are used very frequently and therefore cover a large number of conversations and contexts. So very quickly, you will be able to hold conversations with locals and understand what they say !

Also, the fact that I add the word to a sentence each time to give context allows your brain to better retain the word and its meaning. So it's true that taking the time to add a sentence for context took me a long time... but I think it's clearly necessary to improve your learning speed. Plus, you'll discover new phrases from everyday life !

And finally, after the presentation of the 1001 most common words in French, I added as a bonus some useful sentences for everyday life sorted by themes. For example, there is a food theme or how to order a dish in a restaurant. We will also see the theme of transportation (*super useful if you come to France*) and many other things ! Moreover, as these words and phrases will be classified by themes, you just have to take a quick look at the summary and go directly to the page you are interested in. So for example, if you are in France and you want to quickly know how to order a dish in a restaurant... you can open this book and go directly to the part in question !

Anyway, before I start, I would like to thank you for choosing this book. As you will see, I put a lot of effort into it to give you maximum value. Now that that's said, we can continue !

~~$97.00~~ FREE BONUSES

GRAB YOUR FREE BONUSES NOW

- 7 French Short Stories You'll Want to Read
- 14 Common Mistakes In French Made By Beginners
- 21 Daily French Conversations to Learn French
- BONUS : Your Step-By-Step French Study Plan

Scan the QR code to claim your **free** bonus
Or
masterfrenchnow.com/freebonus

How to get the most of this book ?

Alright, just before we start, I'd like to give you a few tips on how to get the most value out of this book. I've been lucky enough to help hundreds of people learn French, and even today I have a few students, and the ones who succeed in learning French quickly are always the same. They are not the smartest, they are not the ones who work the hardest... they are the most consistent !

You know, a lot of people who want to learn French are super motivated at first so they work for hours and read a lot of books. Then, quickly, these people get burned out and can't keep up with the intensity, and they end up giving up. That's why I tell ALL my students to start small and study a little bit of French every day. If you only have 5 minutes to spare a day ? Fine, that's enough. Ok, you're not going to learn French in 2 weeks by studying just 5 minutes. But believe me, even if you only read for 5 minutes a day, you will be amazed at your progress even after a few months.

By the way, I'd like to share with you a super powerful secret for getting into the habit of studying French every day. The trick is to link your new habit (*in this case, learning French for 5 to 30 minutes a day*), to a habit that is already well established in your daily life. Let me give you a concrete example. Let's imagine that, like me, you drink a small coffee every morning on your coffee table. It's a habit that's well established in your daily life, and you need your cup of coffee to have a good day... and you almost NEVER miss your cup of coffee ! And that's just great.

In fact, if you flip through just a few pages of this book while you're sipping your coffee... well, that means that you'll improve your French, and you'll never run out of motivation or time ! So find a habit that you practice every day in your daily life that you can graft your new habit (*learning French*) onto. Here are some examples to give you some ideas :

- Have a coffee
- Going to the bathroom
- Taking the bus
- While bathing
- Brushing your teeth

This method is also effective for any new habit that you want to integrate into your daily life. So make the most of it !

And I'd like to tell you one more little trick. As you probably know, while you sleep your brain consolidates the day's information. And it is often the last information (*a few hours before bedtime*) that is fresh in our mind and therefore "saved" by our brain. So if you have the opportunity, I invite you to read this book a few minutes before going to bed. If you don't want to forget, you can put it on your bedside table for example !

I assure you, if you follow these 3 simple habits, you will succeed in learning French, in communicating with locals and even in impressing your friends and family !

To be kept in mind

Just before I begin, I need to tell you about a few kinds of words in the French language. There's nothing complicated, but you need to be aware of them to be able to navigate through this book and get the most value out of it.

First, I'd like to talk about verbs. In French (*as in English*), we have many different tenses and conjugations for each pronoun ! So in the list of the 1001 most used words I will give the verb in the infinitive form but in the sentence for context, the verb will of course be conjugated. To make it practical, I will conjugate each verb in the present tense or in the tense most often used in the French language. Furthermore, I think it is important to present you with the translations of the pronouns first :

Je	I
Tu	You
Il / Elle / On	He / She / It
Nous	We
Vous	You
Ils / Elles	They

Small precision : "Elles" is to designate several persons of the female sex. When we want to talk about several boys for example, we use the pronoun "Ils". And when there are girls and boys, we use the pronoun "Ils".
Here are some examples to illustrate :

Les filles vont à l'école. **Elles** vont à l'école.
The girls go to school. They go to school.

Les garçons pêchent. **Ils** pêchent.
The boys walk. They walk.

Roméo et Juliette s'aiment. **Ils** s'aiment.
Romeo and Juliet love each other. They love each other.

Now I have to talk about nouns. Indeed, in the French language, nouns have a gender. For example, we say : "**Une** baguette", "**Un** pain". Depending on the gender of the noun, we will use a different article.

Articles for a feminine noun : Une (a) - La (the) - Cette (this)
Articles for a male noun : Un (a) - Le (the) - Ce (this) - Cet (this)

French dictionaries display the gender of the word by making an annotation with the letter "f" for feminine or "m" for masculine right next to the word. Moreover, it is the same with adjectives. For example we say :

Cette fille est **belle**.
This girl is beautiful.

Ce garçon est **beau**.
This boy is beautiful.

So the gender of nouns and adjectives can worry those who want to learn French and some people spend hours learning the gender of each noun... but don't worry, you don't need to do that ! To be honest, you will probably make mistakes at first, but quickly, by reading and listening to French, you will quickly correct your mistakes. So don't panic, no need to spend hours, let your brain do the work.

Now that that's said, we can finally get started. Let's get started !

The 1001 most common words of the French language

The 1001 words I am going to present to you are not chosen at random. Indeed, I am basing myself on the work of the French linguist Etienne Brunet who is an expert in his field. Etienne Brunet is a professor of classics, a doctor of state, and a former professor at the University of Nice... in other words, he is a VERY talented person. And he studied the French language a lot.

So in this part I will share the 1001 words that appear most often in the French language. This list of the linguist Etienne Brunet is directly proposed by the website of the Ministry of National Education and Youth. To create this list, many literary works have been studied. Then, thanks to algorithms, the words are counted, then they can be classified by order of appearance.

Please note : As this list was created from literary works, I took the liberty of deleting some words that are often used in writing but not much in speaking. Thus, you really have the 1001 most spoken words in the French language. Perfect if you want to come to our beautiful country, speak French with a friend or impress your relatives ! The words are sorted from the most frequently used to the most rarely spoken.

1. **Le/La** - *The*
Le chien est dehors. **La** tortue est dans le jardin.
The dog is outside. **The** turtle is in the garden.

2. **De** - *From*
J'ai reçu un cadeau **de** mon ami.
I received a gift **from** my friend.

3. **Un/Une** - *A*
Un garçon mange. **Une** fille danse.
A boy is eating. **A** girl is dancing.

4. **Être** - *Be*
Je **suis** Français. Tu **es** amoureux.
I **am** French. You **are** in love.

The verb "être" is considered the most frequently used verb in French. **Here is how to conjugate it in the present tense :**

- Je suis
- Tu es
- Il/Elle/On est
- Nous sommes
- Vous êtes
- Ils/Elles sont

---

5. **Et** - *And*
Je mange des bananes **et** des pommes.
I eat bananas **and** apples.

6. **À** - *At*
Je mange **à** la boulangerie.
I eat **at** the bakery

7. **Il/Elle** - *He/She*
Il est un homme. **Elle** est une femme.
He is a man. **She** is a woman.

8. **Avoir** - *Have*

J'**ai** confiance en moi. Vous **avez** de bonnes idées.
I **have** confidence in myself. You **have** good ideas.

> The verb "avoir" is just as important as the verb "être" in the French language.
> **Here is how to conjugate it in the present tense :**
>
> - J'ai
> - Tu as
> - Il/Elle/On a
> - Nous avons
> - Vous avez
> - Ils/Elles ont

9. **Ne** - *Do not*
Je **ne** veux pas manger. Tu **ne** me comprends pas.
I **don't** want to eat. You **don't** understand me.

> "Ne" is a particle used in French **to form negations**. For example, "Je mange" means "I eat", while "Je ne mange pas" means "I do not eat". "Ne" is an essential part of the French negation structure and is used **in all types of negation**s, whether simple or complex.

10. **Je** - *I*
Je m'appelle Raphaël. **Je** suis heureux.
I'm Raphaël. **I** am happy.

11. **Son/Sa** - *His/Her*
Sa sœur s'appelle Julie. **Son** professeur est pédagogue.
His sister's name is Julie. **Her** teacher is a pedagogue.

12. **Qui** - *Who*
Qui est cet homme ?
Who is this man ?

13. **Ce/Cet/Cette** - *This*
Ce chat est gentil. **Cette** fille est drôle.
This cat is nice. **This** girl is funny.

14. **Dans** - *In/Into*
Je vis **dans** une grande ville. Je verse de l'eau **dans** mon verre.
I live **in** a big city. I pour water **into** my glass.

15. **En** - *In*
Je voyage **en** France. Il écrit son nom **en** majuscule.
I travel **in** France. He writes his name **in** capital letters.

16. **Pour** - *To/For*
Je vais au supermarché **pour** acheter du pain. J'achète un cadeau **pour** mon père.
I go **to** the supermarket to buy bread. I buy a present **for** my father.

17. **Pas** - *Not*
Je n'aime **pas** le poisson. Il ne peut **pas** venir ce soir.
I do**n't** like fish. He can**'t** come tonight.

18. **Vous** - *You*
Vous êtes de Paris. **Vous** êtes une personne intelligente.
You are from Paris. **You** are an intelligent person.

> "Vous" is a French pronoun that is used to address someone formally or politely. It is equivalent to "you" in English, but it has a more formal connotation. It is used when addressing multiple people, a group of people, or a person in a position of authority or respect. For example, when speaking with your boss or addressing a stranger, the pronoun "vous" is used as a sign of respect.

19. **Par** - *By*
Je dois passer **par** chez moi. Il s'est fait soigner **par** un médecin.
I have to come **by** my house. He was treated **by** a doctor.

20. **Sur** - *On*
La nourriture est **sur** la table. Je suis **sur** le chemin du travail.
Food is **on** the table. I'm **on** my way to work.

21. **Faire** - *Make/Do*
Ma copine a **fait** un gâteau. Elle **ferait** n'importe quoi pour lui.
My girlfriend is **making** a cake. She would **do** anything for him.

22. **Plus** - *More*
Je veux manger **plus** de légumes. Je travaille **plus** chez moi.
I want to eat **more** vegetables. I work **more** at home.

23. **Dire** - *Say/Tell*
Je **dis** toujours la vérité. Il **dit** bonjour à ses voisins.
I always **tell** the truth. He **says** hello to his neighbors.

24. **Mon/Ma** - *My*
Mon livre est sur la table. **Ma** fille aime jouer au basket.
My book is on the table. **My** daughter likes to play basketball.

25. **Lui** - *Him*
Je **lui** parle tous les jours. Tu **lui** fais confiance.
I talk to **him** every day. You trust **him**.

26. **Nous** - *We*
Nous sommes américains. **Nous** voulons manger au restaurant.
We are Americans. **We** want to eat in a restaurant.

27. **Comme** - *Like/As*
Je mange **comme** un prince. Elle travaille **comme** infirmière.
I eat **like** a prince. She works **as** a nurse.

28. **Mais** - *But*
Je suis fatigué **mais** je dois travailler. Il pleut **mais** je dois sortir.
I'm tired **but** I have to work. It's raining **but** I have to go out.

29. **Pouvoir** - *Can*
Je **peux** parler français. Je ne **peux** pas vous aider.
I **can** speak French. I **can**'t help you.

30. **Avec** - *With*
Je suis **avec** mon fils. Je veux une baguette **avec** du beurre.
I am **with** my son. I want a baguette **with** butter.

31. **Tout** - *Everything/All*

Je sais **tout** de toi. **Tout** ce que je veux c'est toi.
I know **everything** about you. **All** I want is you.

32. Aller - *Go to*
Je **vais** au magasin. Nous **allons** faire des courses.
I'm **going to** the store. We're **going** shopping.

33. Voir - *See*
Nous allons **voir** un film. Tu **vois** mal sans tes lunettes.
We are going to **see** a movie. You can't **see** well without your glasses.

34. En - *In*
Il y a des livres **en** Français. **En** cinq ans je n'ai jamais vu ça.
There are books **in** French. **In** five years I have never seen that.

35. Bien - *Well/Good*
Je vais **bien** merci. Le temps est **bien** aujourd'hui.
I'm **well** thanks. The weather is **good** today.

36. Où - *Where*
Où es-tu ? **Où** est le restaurant français ?
Where are you ? **Where** is the French restaurant ?

37. Sans - *Without*
Je ne pars pas **sans** toi. Je veux un plat **sans** viande.
I'm not leaving **without** you. I want a dish **without** meat.

38. Tu - *You*
Tu as besoin de quelque chose ? **Tu** visites Paris.
Do **you** need anything ? **You**'re visiting Paris.

39. Ou - *Or*
Tu veux des carottes **ou** des patates ?
Do you want carrots **or** potatoes ?

40. Leur - *Their/Them*
Tu dois écouter **leur** ami. Il faut **leur** montrer le bon chemin.

You have to listen to **their** friend. You have to show **them** the right way.

41. **Homme** - *Man*
C'est un bel **homme**. C'est l'**homme** de la situation.
He's a handsome **man**. He is the right **man** for the job.

42. **Si** - *If*
S'il pleut, je ne sors pas. Je partirais à Paris **si** j'avais l'argent.
If it rains, I don't go out. I would go to Paris **if** I had the money.

> In French, the contraction "si" and "il" is commonly used and is considered a natural and common way to express oneself. This contraction - **S'** - is an excellent way to improve your French and make it more natural.

43. **Deux** - *Two*
Il est **deux** heures du matin. Nous sommes **deux** à travailler.
It is **two** o'clock in the morning. **Two** of us are working.

44. **Mari** - *Husband*
Mon **mari** est pompier. Comment s'appelle votre **mari** ?
My **husband** is a fireman. What is your **husband**'s name ?

45. **Moi** - *Me*
Mes sœurs sont plus jeunes que **moi**.
My sisters are younger than **me**.

46. **Vouloir** - *Want to*
Je **veux** aller à la plage. Nous **voulons** aller au cinéma.
I **want to** go to the beach. We **want to** go to the movies.

47. **Femme** - *Woman*
C'est une belle **femme**. Les **femmes** attendent sur un banc.
She is a beautiful **woman**. The **women** are waiting on a bench.

48. **Venir** - *Come*
Je **viens** en France pour voir la Tour Eiffel.
I **come** to France to see the Eiffel Tower.

49. **Quand** - *When*
Quand serons-nous servis ?
When will we be served ?

50. **Grand** - *Big/Tall*
C'est mon **grand** frère. Il est **grand** en taille.
He is my **big** brother. He is **tall** in height.

51. **Notre** - *Our*
C'est **notre** fils. Nous avons **notre** propre maison.
He is **our** son. We have **our** own house.

52. **Devoir** - *Have to*
Je **dois** me rendre à la gare. Nous **devons** goûter la blanquette de veaux.
I **have to** go to the station. We **have to** taste the blanquette de veaux.

53. **Là** - *Here*
Le jouet du bébé est juste **là**.
The baby's toy is right **here**.

54. **Jour** - *Day*
Quel **jour** sommes-nous aujourd'hui ?
What day is it **today** ?

55. **Prendre** - *Take*
Je dois **prendre** un taxi. Nous **prenons** l'avion pour Paris.
I have to **take** a cab. We **take** the plane to Paris.

56. **Même** - *Even*
Je n'ai **même** pas le temps de me changer.
I don't **even** have time to change.

57. **Votre** - *Your*
C'est **votre** tour Monsieur.
It's **your** turn, sir.

58. **Rien** - *Nothing*
Je m'énerve pour **rien** quand je suis fatigué.
I get upset for **nothing** when I'm tired.

59. **Petit** - *Little/Small*
Je suis le **petit** frère. Je suis **petit** en taille.
I am the **little** brother. I am **small** in size.

60. **Encore** - *Again*
J'ai **encore** oublié d'envoyer des photos à ma mère.
I forgot to send pictures to my mom **again**.

61. **Aussi** - *Also*
Je veux **aussi** visiter le Musée du Louvres.
I **also** want to visit the Louvre Museum.

62. **Quelques** - *Some*
Je voudrais **quelques** pommes s'il vous plaît.
I would like **some** apples please.

63. **Tout** - *All/Everything*
Je vais **tout** t'expliquer. Je veux **tout** prendre.
I'll explain **everything**. I want to take **everything**.

64. **Mer** - *Sea*
Je vais me baigner à la **mer**, tu veux venir ?
I'm going for a swim in the **sea**, do you want to come ?

65. **Trouver** - *Find*
Il faut trouver le chemin. Nous trouvons le temps d'attente long.
We have to find the way. We find the waiting time long.

66. **Donner** - *Give*
Pouvez-vous me **donner** votre numéro de téléphone ?
Can you **give** me your phone number ?

67. **Temps** - *Time*

Il est **temps** de prendre le bus.
It's **time** to take the bus.

68.   **Peu** - *Some*
Tu peux me servir un **peu** de café s'il te plaît.
Can you get me **some** coffee please.

69.   **Falloir** - *Have to*
Il **faut** que je me lève tôt pour aller travailler.
I **have to** get up early to go to work.

70.   **Sous** - *Under*
Je range mes chaussures **sous** mon lit.
I put my shoes **under** my bed.

71.   **Parler** - *Speak*
Je **parle** bien le Français. Nous **parlons** ensemble.
I **speak** French well. We **speak** together.

72.   **Alors** - *So*
Je suis fatigué **alors** je vais me coucher dans mon lit.
I'm tired **so** I'm going to lie down in my bed.

73.   **Main** - *Hand*
J'ai deux **mains** et deux pieds.
I have two **hands** and two feet.

74.   **Chose** - *Thing*
Je dois faire beaucoup de **choses** aujourd'hui.
I have a lot of **things** to do today.

75.   **Ton/Ta** - *Your*
Ton frère est jeune. **Ta** sœur travaille comme comptable.
Your brother is young. **Your** sister works as an accountant.

76.   **Mettre** - *Put*
J'ai **mis** une bûche dans le feu.
I **put** a log in the fire.

77. **Vie** - *Life*
Nous n'avons qu'une seule **vie**, autant en profiter !
We only have one **life**, we might as well enjoy it !

78. **Savoir** - *Know*
Je dois **savoir** où se trouve le magasin.
I need to **know** where the store is.

Common mistake : People who want to learn French often confuse the verbs "savoir" and "connaître."

For example, "savoir" is used factual knowledge, such as :
- **Je sais comment faire cuire un œuf**
- *I know how to cook an egg*

Whereas "connaître" is used to describe a personal relationship, such as :
- **Je connais mon meilleur ami depuis l'enfance.**
- *I've known my best friend since childhood*

---

79. **Yeux** - *Eyes*
Je ferme les **yeux** pour me détendre.
I close my **eyes** to relax.

80. **Passer** - *Stop by*
Je dois **passer** par chez moi pour prendre mon manteau.
I have to **stop by** my house to get my coat.

81. **Autre** - *Other*
Je dois aller de l'**autre** côté de la route.
I have to go to the **other** side of the road.

82. **Après** - *After*
Je vais prendre une douche **après** le travail.
I'm going to take a shower **after** work.

83. **Regarder** - *Watch*
Nous allons **regarder** un film ce soir.

We are going to **watch** a movie tonight.

84.   **Toujours** - *Always*
Je suis **toujours** en retard pour prendre le métro.
I'm **always** late for the subway.

85.   **Puis** - *Then*
Je vais à la Tour Eiffel **puis** je vais visiter le musée du Louvre.
I go to the Eiffel Tower and **then** I visit the Louvre.

86.   **Jamais** - *Never*
Ne **jamais** fumer à l'intérieur en France.
Never smoke indoors in France.

87.   **Cela** - *This*
Cela ne prendra que quelques minutes.
This will only take a few minutes.

88.   **Aimer** - *Love*
Je t'**aime** de tout mon cœur.
I **love** you with all my heart.

89.   **Non** - *No*
Non, je ne veux pas fumer de cigarette.
No, I don't want to smoke cigarettes.

90.   **Heure** - *Time*
Quelle **heure** est-il s'il vous plaît ?
What **time** is it please ?

91.   **Croire** - *Believe*
Je **crois** en toi. Nous **croyons** en Dieu.
I **believe** in you. We **believe** in God.

92.   **Cent** - *One hundred*
Le prix de cet objet est de **cent** euros.
The price of this object is **one hundred** euros.

93.   **Monde** - *World*

Le **monde** est grand.
The **world** is big.

94. **Donc** - *So*
Je vais au sport **donc** je suis en bonne santé.
I go to the gym **so** I'm healthy.

95. **Enfants** - *Children*
Les **enfants** sont à la garderie pour la journée.
The **children** are in daycare for the day.

96. **Seul** - *Alone*
Je suis **seul** dans le train.
I am **alone** in the train.

97. **Entre** - *Between*
L'appartement est **entre** les deux maisons.
The apartment is **between** the two houses.

98. **Vers** - *To*
Je dois aller **vers** la Tour Eiffel.
I have to go **to** the Eiffel Tower.

99. **Chez** - *To the*
Je vais **chez** le coiffeur.
I go **to the** hairdresser.

100. **Demander** - *Ask*
Je dois **demander** la direction à quelqu'un.
I have to **ask** someone for directions.

101. **Jeune** - *Young*
Je suis encore **jeune**, j'ai vingt-cinq ans.
I am still **young**, I am twenty-five years old.

102. **Très** - *Very*
Je suis **très** content de ce voyage.
I am **very** happy with this trip.

103. **Moment** - *Time*
C'est le **moment** de partir.
It's **time** to go.

104. **Rester** - *Stay*
Je dois **rester** pour faire des papiers.
I have to **stay** and do some paperwork.

105. **Répondre** - *Answer*
Pouvez-vous me **répondre** s'il vous plaît ?
Can you please **answer** me ?

106. **Tête** - *Head*
Il prend sa **tête** dans ses mains. Il a mal à la **tête**.
He takes his **head** in his hands. He has a **head**ache.

107. **Père** - *Father*
Le **père** de mon ami vient d'Espagne.
My friend's **father** is from Spain.

108. **Fille** - *Girl*
Cette **fille** est gentille mais timide.
This **girl** is nice but shy.

109. **Mille** - *One thousand*
Le billet d'avion pour la France coûte **mille** euros.
The plane ticket to France costs **one thousand** euros.

110. **Premier** - *First*
Je suis le **premier** à arriver à la boulangerie.
I am the **first** to arrive at the bakery.

111. **Car** - *Because*
Je vais aller manger **car** j'ai faim.
I'm going to go eat **because** I'm hungry.

112. **Entendre** - *Hear*

J'**entends** le chien aboyer dehors.
I **hear** the dog barking outside.

113.　**Ni** - *Neither/Nor*
Je n'aime **ni** le poisson **ni** les légumes.
I like **neither** fish **nor** vegetables.

114.　**Bon** - *Right/Good*
Nous sommes sur le **bon** chemin. Le pain est **bon**.
We are on the **right** track. The bread is **good**.

115.　**Trois** - *Three*
Nous sommes **trois** personnes à attendre le bus.
We are **three** people waiting for the bus.

116.　**Cœur** - *Heart*
Je t'aime de tout mon **cœur**.
I love you with all my **heart**.

117.　**An** - *Year*
Nous allons bientôt fêter le nouvel **an**.
We will soon celebrate the new **year**.

118.　**Quatre** - *Four*
Il est **quatre** heures de l'après-midi.
It is **four** o'clock in the afternoon.

119.　**Terre** - *Ground*
Je plante un arbre dans la **terre**.
I plant a tree in the **ground**.

120.　**Contre** - *Against*
Je suis **contre** cette idée.
I am **against** this idea.

121.　**Dieu** - *God*
Beaucoup de personnes croient en **Dieu**.
Many people believe in **God**.

122. **Monsieur** - *Mister*
Monsieur, asseyez-vous s'il vous plaît.
Mister, please take a seat.

123. **Voix** - *Voice*
Elle est chanteuse, elle a une belle **voix**.
She is a singer, she has a beautiful **voice**.

124. **Penser** - *Think*
Je **pense** qu'on devrait aller au théâtre.
I **think** we should go to the theater.

125. **Quel** - *What*
Quel est ton nom ? **Quel** est votre dessert préféré ?
What's your name ? **What** is your favorite dessert ?

126. **Arriver** - *Arrive*
Nous **arrivons** dans trente minutes.
We will **arrive** in thirty minutes.

127. **Maison** - *House*
Les clés de la **maison** sont sous le paillasson.
The **house** keys are under the mat.

128. **Devant** - *In front of*
Il se tient **devant** le miroir.
He stands **in front of** the mirror.

129. **Coup** - *Hit*
Attention à ne pas prendre de **coup** à la boxe.
Be careful not to take a **hit** when boxing.

130. **Beau** - *Beautiful*
C'est un **beau** tableau.
It's a **beautiful** painting.

131. **Connaître** - *Know*

Je **connais** très bien mon patron et sa femme.
I **know** my boss and his wife very well.

132.   **Devenir** - *Become*
Ils **deviennent** de bonnes personnes.
They **become** good people.

133.   **Mot** - *Word*
Un livre fait environ 30 000 **mots**.
A book is about 30,000 **words** long.

134.   **Nuit** - *Night*
Après le jour vient la **nuit**.
After the day comes the **night**.

135.   **Sentir** - *Feel*
Je me **sens** malade.
I **feel** sick.

136.   **Eau** - *Water*
Combien coûte une bouteille d'**eau** s'il vous plaît ?
How much does a bottle of **water** cost please ?

137.   **Vieux** - *Old*
Le **vieux** parchemin se trouve au musée du Louvre.
The **old** parchment is in the Louvre Museum.

138.   **Sembler** - *Seem*
Il **semblerait** que vous n'ayez pas payé.
It **seems** that you have not paid.

139.   **Moins** - *Less*
Je gagne **moins** que ma femme.
I earn **less** than my wife.

140.   **Tenir** - *Hold*
Je la **tiens** par la main.
I **hold** her by the hand.

141. **Ici** - *Here*
Je dois aller **ici** sur la carte.
I have to go **here** on the map.

142. **Comprendre** - *Understand*
Je ne **comprends** pas ce que vous dites.
I don't **understand** what you are saying.

143. **Oui** - *Yes*
Oui, je veux bien s'il vous plaît.
Yes, I'd like to please.

144. **Rendre** - *Give back*
Vous devez me **rendre** les clefs.
You must **give** me **back** the keys.

145. **Toi** - *You*
Je veux passer du temps avec **toi**.
I want to spend time with **you**.

146. **Vingt** - *Twenty*
Le billet pour aller à Bordeaux coûte **vingt** euros.
The ticket to go to Bordeaux costs **twenty** euros.

147. **Depuis** - *For/Since*
Je suis comptable **depuis** dix ans.
I have been an accountant **for** ten years.

148. **Attendre** - *Wait*
Il faut **attendre** le train.
We have to **wait** for the train.

149. **Sortir** - *Get out*
Nous allons **sortir** en boîte de nuit.
We're **going out** to a club.

150. **Ami** - *Friend*

C'est mon meilleur **ami** depuis que je suis jeune.
He's been my best **friend** since I was young.

151.   **Trop** - *Too*
Non, le prix est **trop** cher.
No, the price is **too** high.

152.   **Porte** - *Door*
Vous devez passer par cette **porte**.
You have to go through this **door**.

153.   **Lequel** - *Which*
Lequel de ces plats souhaitez-vous ?
Which of these dishes would you like ?

154.   **Chaque** - *Each/Every*
Je vais au sport **chaque** matin.
I go to the gym **each** morning.

155.   **Amour** - *Love*
L'**amour** est la plus belle chose au monde.
Love is the most beautiful thing in the world.

156.   **Pendant** - *While*
J'apprends le Français **pendant** que je dors.
I learn French **while** I sleep.

157.   **Déjà** - *Already*
J'ai **déjà** pris mon petit déjeuner ce matin.
I **already** had breakfast this morning.

158.   **Pied** - *Foot*
Il a mal au **pied** donc il ne peut pas jouer au foot.
His **foot** hurts so he can't play soccer.

159.   **Tant** - *So much*
Il y a **tant** de choses à faire à Paris.
There is **so much** to do in Paris.

160. **Gens** - *People*
Il y a beaucoup de **gens** dans le métro.
There are many **people** in the subway.

161. **Parce que** - *Because*
Je prends le bus **parce que** je n'ai pas de voiture.
I take the bus **because** I don't have a car.

162. **Nom** - *Name*
Quel est votre **nom** s'il vous plaît ?
What's your **name** please ?

163. **Vivre** - *Live*
Je **vis** à Paris depuis mes quinze ans.
I have **lived** in Paris since I was fifteen.

164. **Reprendre** - *Go back*
Je dois **reprendre** les études.
I have to **go back** to school.

165. **Entrer** - *Come in*
Entrez je vous en prie.
Please **come in**.

166. **Porter** - *Carry*
Je dois **porter** les courses jusqu'à l'appartement.
I have to **carry** the groceries to the apartment.

167. **Pays** - *Country*
Visiter un nouveau **pays** est excitant.
Visiting a new **country** is exciting.

168. **Ciel** - *Sky*
Le **ciel** est nuageux aujourd'hui.
The **sky** is cloudy today.

169. **Avant** - *Before*

Je dois prendre un taxi **avant** de manger au restaurant.
I have to take a cab **before** eating at the restaurant.

170. **Frère** - *Brother*
Mon **frère** vient avec nous.
My **brother** is coming with us.

171. **Regarder** - *Look*
Je **regarde** le message sur mon téléphone.
I **look** at the message on my phone.

172. **Chercher** - *Look/Search*
Je **cherche** le magasin le plus proche s'il vous plaît.
I am **looking** for the nearest store please.

173. **Âme** - *Soul*
La musique nourrit mon **âme**.
Music feeds my **soul**.

174. **Côté** - *Next to*
La télécommande est à **côté** de moi.
The remote control is **next to** me.

175. **Mort** - *Death*
La peine de **mort** est interdite en France.
The **death** penalty is prohibited in France.

176. **Revenir** - *Get back to*
Je dois **revenir** à l'appartement maintenant.
I have to **get back to** the apartment now.

177. **Noir** - *Black*
Apparemment, les chats **noirs** portent malheur.
Apparently, **black** cats are bad luck.

178. **Maintenant** - *Now*
Il est **maintenant** l'heure d'aller dormir.
It is **now** time to go to sleep.

179. **Nouveau** - *New*
C'est un **nouveau** livre qui vient d'arriver.
This is a **new** book that has just arrived.

180. **Ville** - *City*
La plus belle **ville** de France est Saint-Émilion.
The most beautiful **city** in France is Saint-Emilion.

181. **Rue** - *Street*
J'habite au cinq **rue** du Général de Gaulle.
I live at five **street** du Général de Gaulle.

182. **Enfin** - *Finally*
Je suis **enfin** sorti du travail.
I **finally** got off work.

183. **Appeler** - *Call*
Je dois **appeler** ma mère aujourd'hui.
I have to **call** my mom today.

184. **Soir** - *Tonight*
Ce **soir** nous allons au restaurant.
Tonight we go to the restaurant.

185. **Chambre** - *Room*
Ma **chambre** est à côté de celle de ma sœur.
My **room** is next to my sister's.

186. **Mourir** - *Die*
Le chien du voisin est **mort** hier.
The neighbor's dog **died** yesterday.

187. **Partir** - *Leave*
Je **pars** de France le dix-sept janvier.
I **leave** France on the 17th of January.

188. **Cinq** - *Five*

Le billet de train coûte **cinq** euros.
The train ticket costs **five** euros.

189.   **Esprit** - *Spirit*
L'**esprit** est le plus important dans la réussite.
Spirit is the most important factor in success.

190.   **Soleil** - *Sun*
Le **soleil** brille dans les nuages aujourd'hui.
The **sun** shines through the clouds today.

191.   **Dernier** - *Last*
Le **dernier** film que j'ai vu était vraiment bon.
The **last** movie I saw was really good.

192.   **Jeter** - *Throw*
Je **jette** les ordures à la poubelle.
I **throw** the garbage in the trash.

193.   **Dix** - *Ten*
L'équipe de basket-ball a une avance de **dix** points.
The basketball team has a **ten** point lead.

194.   **Roi** - *King*
De nombreux **rois** ont régné sur la France.
Many **kings** have ruled France.

195.   **État** - *State*
L'**État** Français est composé de nombreux ministres.
The French **State** is composed of many ministers.

196.   **Corps** - *Body*
Je prends soin de mon **corps**.
I take care of my **body**.

197.   **Beaucoup** - *Many*
J'ai **beaucoup** d'amis français.
I have **many** French friends.

198. **Suivre** - *Follow*
Je **suis** la voiture de mon ami.
I **follow** my friend's car.

199. **Bras** - *Arm*
J'ai un tatouage sur le **bras** droit.
I have a tattoo on my right **arm**.

200. **Écrire** - *Write*
Cet auteur a **écrit** beaucoup de romans dans sa carrière.
This author has **written** many novels in his career.

201. **Blanc** - *White*
Le cygne **blanc** est un animal majestueux.
The **white** swan is a majestic animal.

202. **Montrer** - *Show*
Je vais **montrer** à mes amis cette nouvelle application.
I will **show** my friends this new application.

203. **Tomber** - *Fall*
Il est **tombé** sur le trottoir.
He **fell** on the sidewalk.

204. **Place** - *Spot/Place*
Une **place** de parking.
A parking **spot**.

205. **Ouvrir** - *Open*
Pouvez-vous m'**ouvrir** la porte s'il vous plaît ?
Can you **open** the door for me please ?

206. **Partir** - *Leave*
Je **pars** du restaurant, j'arrive à la maison.
I **leave** the restaurant, I'm coming home.

207. **Assez** - *Enough*

J'en ai **assez** !
I've had **enough** !

208.   **Cher** - *Dear*
Cher ami, comment allez-vous ?
Dear friend, how are you ?

209.   **Année** - *Year*
Quelle est votre **année** de naissance s'il vous plaît ?
What is your birth **year** please ?

210.   **Loin** - *Far*
Est-ce que la Tour Eiffel est **loin** d'ici ?
Is the Eiffel Tower **far** from here ?

211.   **Point** - *Dot/Period*
Une phrase se finit toujours par un **point**.
A sentence always ends with a **dot**.

212.   **Visage** - *Face*
Son **visage** est rond.
His **face** is round.

213.   **Bruit** - *Noise*
J'ai entendu un **bruit**, tu sais ce que c'est ?
I heard a **noise**, do you know what it is ?

214.   **Lettre** - *Letter*
Les vingt-six **lettres** de l'alphabet.
The twenty-six **letters** of the alphabet.

215.   **Fond** - *Bottom*
Le **fond** de la carafe d'eau est sale.
The **bottom** of the water carafe is dirty.

216.   **Force** - *Strength*
Il a beaucoup de **force** pour son âge.
He has a lot of **strength** for his age.

217. **Arrêter** - *Stop*
Tu dois **arrêter** de fumer.
You need to **stop** smoking.

218. **Perdre** - *Lose*
J'ai **perdu** mon portefeuille, pouvez-vous m'aider s'il vous plaît ?
I **lost** my wallet, can you please help me ?

219. **Commencer** - *Start*
Je **commence** les cours en septembre.
I **start** classes in September.

220. **Paraître** - *Seem*
Il **paraît** toujours calme et détendu.
He always **seems** calm and relaxed.

221. **Aucun** - *No/None*
Je n'ai **aucun** temps libre cette semaine.
I have **no** free time this week.

222. **Marcher** - *Walk*
Je **marche** une heure chaque jour dans le parc.
I **walk** for an hour every day in the park.

223. **Milieu** - *Middle*
Je suis au **milieu** de mon voyage.
I am in the **middle** of my journey.

224. **Idée** - *Idea*
Il a toujours de bonnes **idées**.
He always has good **ideas**.

225. **Presque** - *Almost*
Je suis **presque** prête pour le travail.
I'm **almost** ready for work.

226. **Ailleurs** - *Elsewhere*

Je dois aller **ailleurs** pour découvrir la France.
I must go **elsewhere** to discover France.

227.   **Travail** - *Work*
En France, nous **travaillons** trente-cinq heures par semaine.
In France, we **work** thirty-five hours a week.

228.   **Lumière** - *Light*
La **lumière** de ma chambre est trop faible.
The **light** in my room is too dim.

229.   **Long** - *Long*
Le temps d'attente chez le médecin est **long**.
The waiting time at the doctor's is **long**.

230.   **Seulement** - *Only*
Je peux **seulement** prendre une semaine de vacances cette année.
I can **only** take one week of vacation this year.

231.   **Mois** - *Month*
Il y a douze **mois** dans l'année.
There are twelve **months** in the year.

Here is the list of months and their translation :

- Janvier - January
- Février - February
- Mars - March
- Avril - April
- Mai - May
- Juin - June
- Juillet - July
- Août - August
- Septembre - September
- Octobre - October
- Novembre - November
- Décembre - December

---

232.   **Fils** - *Son*

Le **fils** de la boulangère est au lycée.
The baker's **son** is in high school.

233.   **Neuf** - *Nine*
La petite fille vient tout juste d'avoir **neuf** ans.
The little girl has just turned **nine**.

234.   **Lever** - *Raise*
Les élèves doivent **lever** la main pour participer.
Students must **raise** their hands to participate.

235.   **Raison** - *Reason*
Il y a une bonne **raison** pour laquelle je suis en retard
There is a good **reason** why I am late

236.   **Effet** - *Effect*
La pluie a un **effet** apaisant sur moi.
The rain has a soothing **effect** on me.

237.   **Gouvernement** - *Government*
Le **gouvernement** français dirige le pays.
The French **government** runs the country.

238.   **Permettre** - *Allow/Enable*
Mon salaire me **permet** de payer les factures chaque mois.
My salary **allows** me to pay the bills every month.

239.   **Pauvre** - *Poor*
Le **pauvre** garçon, il vient de perdre sa mère.
The **poor** boy, he just lost his mother.

240.   **Asseoir** - *Sit*
Je vais m'**asseoir** et prendre une pause.
I'll **sit** down and take a break.

241.   **Plein** - *Full*
Mon sac est **plein** de livres pour la bibliothèque.
My bag is **full** of books for the library.

242. **Personne** - *Person*
Tu connais la **personne** qui s'occupe de ça ?
Do you know the **person** in charge of this ?

243. **Vrai** - *True*
C'est **vrai** que j'avais trop bu ce soir-là… oups !
It's **true** that I had too much to drink that night… oops !

244. **Peuple** - *People*
Le **peuple** a voté pour le nouveau président.
The **people** have voted for the new president.

245. **Fait** - *Fact*
C'est un **fait** que le temps passe vite.
It's a **fact** that time flies.

246. **Parole** - *Word*
Tes **paroles** étaient dures.
Your **words** were harsh.

247. **Guerre** - *War*
La Seconde **Guerre** mondiale a fait beaucoup de morts.
Many people died in the Second World **War**.

Over the centuries, France has been involved in many wars, including the World Wars and the Napoleonic Wars.

Interesting fact : According to historian Niall Ferguson, France has a reputation as being the most aggressive military power in history, with a participation in 50 out of the 125 major European wars that took place from 1495 to present. This number is higher than any other European country.

---

248. **Toute** - *Whole*
Toute la famille se réunit pour le dîner du dimanche.
The **whole** family gathers for Sunday dinner.

249. **Écouter** - *Listen*

Nous **écoutons** de la musique dans le train.
We **listen** to music in the train.

250. **Pensée** - *Thought*
Une **pensée** positive peut changer une vie entière.
One positive **thought** can change an entire life.

251. **Affaire** - *Case*
Le juge déclare l'**affaire** sans suite.
The judge declares the **case** closed.

252. **Quoi** - *What*
Quoi de neuf aujourd'hui ?
What's new today ?

253. **Matin** - *Morning*
Je prendrai mon petit-déjeuner demain **matin**.
I'll have breakfast tomorrow **morning**.

254. **Pierre** - *Stone*
L'église est construite avec des **pierres** de la carrière.
The church is built with **stones** from the quarry.

255. **Monter** - *Climb/Go up*
Il **monte** les marches deux à deux.
He **climbs** the stairs two by two.

256. **Bas** - *Low*
Il vaut mieux dormir dans une chambre à **basse** température.
It is better to sleep in a **low** temperature room.

257. **Vent** - *Wind*
Attention, il y a beaucoup de **vent** aujourd'hui.
Be careful, there is a lot of **wind** today.

258. **Doute** - *Doubt*
J'ai des **doutes** sur sa sincérité.
I have **doubts** about his sincerity.

259. **Front** - *Forehead*
Il s'est cogné le **front** contre la porte.
He hit his **forehead** on the door.

260. **Ombre** - *Shadow*
Lucky Luke est encore plus rapide que son **ombre**.
Lucky Luke is still faster than his **shadow**.

261. **Maître** - *Teacher*
Le **maître** de classe donne un cours à ses élèves.
The class **teacher** gives a lesson to his students.

262. **Aujourd'hui** - *Today*
Aujourd'hui nous sommes le deux novembre.
Today is the second of November.

263. **Besoin** - *Need*
J'ai **besoin** de ton aide tout de suite.
I **need** your help right away.

264. **Question** - *Question*
Bonjour, j'aimerais vous poser une **question**.
Hello, I would like to ask you a **question**.

265. **Voir** - *See*
Nous allons **voir** les animaux au zoo.
We are going to **see** the animals at the zoo.

266. **Recevoir** - *Receive*
Je **reçois** des lettres de mon mari tous les jours.
I **receive** letters from my husband every day.

267. **Mieux** - *Better*
Selon moi, le café est **mieux** que le thé.
In my opinion, coffee is **better** than tea.

268. **Tour** - *Tower*

La **Tour** Eiffel accueille près de sept millions de visiteurs chaque année.
The Eiffel **Tower** welcomes nearly seven million visitors each year.

269. **Servir** - *Serve*
Ce restaurant ne **sert** que du vin rouge.
This restaurant only **serves** red wine.

270. **Autour** - *Around*
Je vais faire un tour **autour** du lac.
I'm going for a walk **around** the lake.

271. **Près** - *Near*
Mon appartement est **près** de la gare.
My apartment is **near** the station.

272. **Finir** - *Finish*
Je vais **finir** ce livre ce soir.
I will **finish** this book tonight.

273. **Famille** - *Family*
Ma **famille** est la chose la plus importante pour moi.
My **family** is the most important thing to me.

274. **Pourquoi** - *Why*
Pourquoi voulez-vous partir en France ?
Why do you want to go to France ?

275. **Souvent** - *Often*
Je vais **souvent** au magasin pour faire les courses.
I **often** go to the store to shop.

276. **Rire** - *Laugh*
Je **ris** souvent en parlant avec elle.
I often **laugh** while talking with her.

277. **Dessus** - *On top/Above*

Je vais poser ce livre sur le **dessus** de l'armoire.
I'll put this book **on top** of the cabinet.

278.   **Madame** - *Madam/Miss*
Bonjour **Madame**, comment allez-vous aujourd'hui ?
Hello **Madam**, how are you today ?

279.   **Sorte** - *Kind of*
Le chien est devenu une **sorte** de mascotte dans la ville.
The dog has become a **kind of** mascot in the city.

280.   **Figure** - *Figure*
Il y a une **figure** étrange dans le ciel.
There is a strange **figure** in the sky.

281.   **Droit** - *Right*
La France est le pays des **Droits** de l'Homme.
France is the country of Human **Rights**.

282.   **Peur** - *Fear*
Sa **peur** des araignées l'empêche d'aller en Australie.
His **fear** of spiders prevents him from going to Australia.

283.   **Bout** - *At the end*
Les toilettes sont au **bout** du couloir à droite.
The toilets are **at the end** of the corridor on the right.

284.   **Lieu** - *Place*
Le restaurant est un **lieu** de partage et de plaisir.
The restaurant is a **place** of sharing and pleasure.

285.   **Silence** - *Silence*
La maîtresse demande le **silence**.
The teacher asks for **silence**.

286.   **Gros** - *Big*
Je vais acheter un **gros** sac de pommes.
I'll buy a **big** bag of apples.

287. **Chef** - *Chef*
Le **chef** prépare de délicieux plats.
The **chef** prepares delicious dishes.

288. **Six** - *Six*
Un billet de train pour Paris coûte **six** euros.
A train ticket to Paris costs **six** euros.

289. **Bois** - *Wooden/Wood*
Il y a une table en **bois** dans la cuisine.
There is a **wooden** table in the kitchen.

290. **Mari** - *Husband*
Le **mari** de ma sœur travaille comme ingénieur.
My sister's **husband** works as an engineer.

291. **Histoire** - *History*
L'**histoire** de la France est riche en guerres.
The **history** of France is rich in wars.

292. **Crier** - *Scream*
Les enfants aiment **crier** quand ils jouent.
Children like to **scream** when they play.

293. **Jouer** - *Play*
Les garçons adorent **jouer** aux jeux vidéo.
Boys love to **play** video games.

294. **Feu** - *Fire*
J'allume le **feu** dans la cheminée pour me réchauffer.
I light the **fire** in the fireplace to warm up.

295. **Tourner** - *Turn*
Tu vas **tourner** à droite au prochain feu.
You will **turn** right at the next light.

296. **Doux** - *Soft*

Ce pantalon rouge en soie est **doux**.
These red silk pants are **soft**.

297. **Longtemps** - *Long time*
J'ai **longtemps** hésité à passer le pas.
I hesitated for a **long time** to take the plunge.

298. **Fort** - *Strong*
Le paysan est **fort**, il peut soulever des sacs de cinquante kilos.
The farmer is **strong**, he can lift bags of fifty kilos.

299. **Heureux** - *Happy*
Ils se sont mariés et sont devenus très **heureux** ensemble.
They got married and became very **happy** together.

300. **Comme** - *Like*
Il est comptable **comme** son père.
He is an accountant **like** his father.

301. **Garder** - *Keep*
Je **garde** toujours mes relevés bancaires.
I always **keep** my bank statements.

302. **Partie** - *Part*
La première **partie** du spectacle était drôle.
The first **part** of the show was funny.

Face - *Face*
Un cube possède six **faces**.
A cube has six **faces**.

304. **Mouvement** - *Movement*
Les **mouvements** de la danseuse sont magnifiques.
The **movements** of the dancer are magnificent.

305. **Fin** - *End*
J'ai lu le livre du début à la **fin**.
I read the book from beginning to **end**.

306. **Reconnaître** - *Recognize*
Mon frère **reconnaît** son ancien professeur à la télévision.
My brother **recognizes** his former teacher on television.

307. **Quitter** - *Leave*
Le bateau **quitte** le port le cinq janvier.
The boat **leaves** the port on January 5th.

308. **Personne** - *Nobody*
Personne ne veut affronter ce champion de boxe.
Nobody wants to face this boxing champion.

309. **Comment** - *What*
Comment vous vous appelez ?
What's your name ?

310. **Route** - *Road*
Il a pris la **route** pour aller à la campagne.
He took the **road** to go to the country.

311. **Dès** - *As soon as*
Dès que j'ai de l'argent, j'achète ce que je veux.
As soon as I have money, I buy what I want.

312. **Manger** - *Eat*
Nous **mangeons** des escargots à l'ail.
We **eat** snails with garlic.

313. **Livre** - *Book*
Je lis au moins un **livre** par mois.
I read at least one **book** a month.

314. **Arbre** - *Tree*
Le pommier est un **arbre** répandu en France.
The apple **tree** is widespread in France.

315. **Courir** - *Run*

Le guépard est l'un des animaux qui **court** le plus vite.
The cheetah is one of the fastest **running** animals.

316. **Cas** - *Case*
Le médecin examine le **cas** de son patient.
The physician reviews the patient's **case**.

317. **Huit** - *Eight*
Je commence le travail à **huit** heures du matin.
I start work at **eight** in the morning.

318. **Lorsque** - *When*
Lorsque le soleil se lève, nous commençons notre journée.
When the sun rises, we start our day.

319. **Mur** - *Wall*
Le peintre a repeint le **mur** de la chambre.
The painter repainted the **wall** of the room.

320. **Ordre** - *Order*
Le soldat respecte les **ordres** du général.
The soldier respects the **orders** of the general.

321. **Continuer** - *Continue*
Nous allons **continuer** la visite après la pause.
We will **continue** the visit after the break.

322. **Bonheur** - *Happiness*
Leur mariage est rempli de **bonheur** et d'amour.
Their marriage is filled with **happiness** and love.

323. **Oublier** - *Forget*
Il **oublie** son parapluie chez le coiffeur.
He **forgets** his umbrella at the barber shop.

324. **Descendre** - *Get off*
Elle **descend** du bus à son arrêt habituel.
She **gets off** the bus at her usual stop.

325. **Haut** - *Top*
Son nom est en **haut** de la liste.
His name is at the **top** of the list.

326. **Intérêt** - *Interest*
Ma fille montre beaucoup d'**intérêt** pour les mathématiques.
My daughter shows great **interest** in math.

327. **Cacher** - *Hide*
Le petit garçon se **cache** derrière le rideau.
The little boy **hides** behind the curtain.

328. **Chacun** - *Every one*
Chacun de mes amis parlent français.
Every one of my friends speaks French.

329. **Profond** - *Deep*
L'enfant creuse un trou **profond**.
The child digs a **deep** hole.

330. **Argent** - *Money*
J'ai besoin d'**argent** pour prendre le bus s'il vous plaît.
I need **money** to take the bus please.

331. **Cause** - *Cause*
La **cause** de sa mort est encore inconnue.
The **cause** of his death is still unknown.

332. **Poser** - *Put (down)*
Je **pose** mon téléphone sur la table.
I **put** my phone on the table.

333. **Autant** - *As much*
Je ne gagne pas **autant** que mon collègue.
I don't earn **as much** as my colleague.

334. **Grand** - *Big/Tall*

J'ai un **grand** frère. Mon oncle est **grand**.
I have a **big** brother. My uncle is **tall**.

335.   **Instant** - *Moment*
Un éclair a illuminé le ciel pendant un **instant**.
A flash of lightning lit up the sky for a **moment**.

336.   **Façon** - *Way*
Il y a plusieurs **façons** d'apprendre le français.
There are many **ways** to learn French.

337.   **D'abord** - *First (of all)*
Je vais **d'abord** faire les courses avant de rentrer à la maison.
I'm going to do the shopping **first** before I go home.

338.   **Œil** - *Eye*
Mon **œil** gauche voit moins bien que mon œil droit.
My left **eye** sees less well than my right eye.

339.   **Tirer** - *Pull/Shoot*
Il faut **tirer** la porte pour l'ouvrir. Il **tire** sur une cible.
You have to **pull** the door to open it. He **shoots** at a target.

340.   **Forme** - *Shape*
Il est en pleine **forme**. Cette maison a une **forme** de cube.
It is in great **shape**. This house has a cube **shape**.

341.   **Présenter** - *Introduce*
Je dois me **présenter** à mon nouveau boss aujourd'hui.
I have to **introduce** myself to my new boss today.

342.   **Ajouter** - *Add*
Il **ajoute** beaucoup de sucre dans son café.
He **adds** a lot of sugar to his coffee.

343.   **Agir** - *Act*
Nous devons **agir** ensemble pour aider notre communauté.
We must **act** together to help our community.

344. **Retrouver** - *Find*
Mince ! Je dois **retrouver** mes clefs avant de partir.
Damn ! I have to **find** my keys before I leave.

345. **Chemin** - *Way/Path*
Je dois trouver un nouveau **chemin** pour éviter les embouteillages.
I have to find a new **way** to avoid the traffic jams.

346. **Cheveux** - *Hair*
Je me brosse les **cheveux** pour enlever les nœuds.
I brush my **hair** to remove the knots.

347. **Offrir** - *Give*
Je vais **offrir** un cadeau à mon ami pour son anniversaire.
I'm going to **give** my friend a gift for his birthday.

348. **Surtout** - *Especially*
Je parle lentement **surtout** quand je suis nerveux.
I speak slowly **especially** when I am nervous.

349. **Certain** - *Sure*
Je suis **certain** de vouloir goûter à la cuisine française.
I'm **sure** I want to try French cuisine.

350. **Plaisir** - *Pleasure*
C'est un vrai **plaisir** de parcourir les rues de Paris.
It's a real **pleasure** to walk the streets of Paris.

351. **Suite** - *Suite*
Je vais prendre une **suite** confortable à l'hôtel.
I will take a comfortable **suite** at the hotel.

352. **Apprendre** - *Learn*
Je veux **apprendre** à parler français.
I want to **learn** to speak French.

353. **Malgré** - *Despite*

Malgré la circulation, je ne suis pas arrivé en retard.
Despite the traffic, I did not arrive late.

354. **Tuer** - *Kill*
Il est interdit de **tuer** des espèces en voie de disparition.
It is prohibited to **kill** endangered species.

355. **Rouge** - *Red*
Je bois du vin **rouge** pour célébrer mon séjour en France.
I drink **red** wine to celebrate my stay in France.

356. **Sang** - *Blood*
Je dois faire une prise de **sang** demain.
I have to take a **blood** test tomorrow.

357. **Retourner** - *Go back*
Je veux **retourner** à Paris pour visiter encore plus de musées.
I want to **go back** to Paris to visit more museums.

358. **Rencontrer** - *Meet*
Je **rencontre** de nouveaux amis français chaque jour.
I **meet** new French friends every day.

359. **Sentiment** - *Feeling*
J'ai un **sentiment** de liberté en découvrant la France.
I have a **feeling** of freedom when I discover France.

360. **Fleur** - *Flower*
Je vais offrir un bouquet de **fleurs** à ma copine.
I'm going to give a bouquet of **flowers** to my girlfriend.

361. **Cependant** - *However*
Il pleut aujourd'hui, **cependant** je vais quand même sortir.
It's raining today, **however** I'm going out anyway.

362. **Service** - *Department*
Vous devez aller au **service** comptabilité.
You must go to the accounting **department**.

363. **Plusieurs** - *Several*
Le bébé possède **plusieurs** jouets.
The baby has **several** toys.

364. **Table** - *Table*
Je voudrais une **table** pour deux s'il vous plaît.
I would like a **table** for two please.

365. **Vite** - *Quickly*
Il faut **vite** préparer vos affaires.
You must **quickly** prepare your things.

366. **Paix** - *Peace*
La France est en **paix** depuis longtemps.
France has been at **peace** for a long time.

367. **Envoyer** - *Send*
Je vais **envoyer** des cartes postales à ma famille.
I will **send** postcards to my family.

368. **Moyen** - *Way*
Quel est le meilleur **moyen** de visiter Paris ?
What is the best **way** to visit Paris ?

369. **Dormir** - *Sleep*
Nous avons bien **dormi** à l'hôtel cette nuit.
We **slept** well at the hotel last night.

370. **Pousser** - *Push*
Il faut **pousser** la porte pour entrer.
You have to **push** the door to enter.

371. **Lit** - *Bed*
Je suis fatigué, je veux juste me coucher dans mon **lit**.
I'm tired, I just want to lie in my **bed**.

372. **Humain** - *Human*

Les élèves étudient le squelette **humain**.
Students study the **human** skeleton.

373. **Voiture** - *Car*
Je loue une **voiture** pour explorer les villages de la campagne française.
I rent a **car** to explore the villages of the French countryside.

374. **Rappeler** - *Call (back)*
Je vais **rappeler** l'hôtel pour confirmer ma réservation.
I will **call** the hotel again to confirm my reservation.

375. **Lire** - *Read*
Je **lis** les menus des restaurants pour décider où manger ce soir.
I **read** restaurant menus to decide where to eat tonight.

376. **Général** - *General*
Le **Général** de Gaulle est une grande figure historique de la France.
General de Gaulle is a great historical figure of France.

377. **Nature** - *Nature*
La **nature** est magnifique ici, je veux explorer les montagnes et les forêts françaises.
The **nature** is beautiful here, I want to explore the French mountains and forests.

378. **Français** - *French*
Les **Français** sont très amicaux et serviables.
The **French** are very friendly and helpful.

379. **Joie** - *Joy*
Je ressens une **joie** immense d'être ici en France.
I feel an immense **joy** to be here in France.

380. **Sept** - *Seven*
Il y a **sept** jours que je suis en France et je suis déjà amoureux de ce pays.

I have been in France for **seven** days and I am already in love with this country.

381. **Tard** - *Late*
J'ai pris mon déjeuner **tard** ce matin.
I had a **late** breakfast this morning.

382. **Président** - *President*
Le **Président** de la République adore son pays.
The **President** of the Republic loves his country.

383. **Pourtant** - *Although*
Il fait beau aujourd'hui **pourtant** il annonçait de la pluie.
The weather is nice today **although** it was forecasting rain.

384. **Bouche** - *Mouth*
J'ai la **bouche** sèche, pourrais-je avoir un verre d'eau s'il vous plaît ?
My **mouth** is dry, could I have a glass of water please ?

385. **Changer** - *Change*
Je suis ici pour **changer** mes habitudes et découvrir de nouvelles choses.
I am here to **change** my habits and discover new things.

386. **Petit** - *Small*
C'est un **petit** café, mais c'est très charmant.
It's a **small** café, but it's very charming.

387. **Froid** - *Cold*
Il fait vraiment **froid** ici.
It's really **cold** here.

388. **Compter** - *Count*
Je dois **compter** mes dépenses pour ne pas dépasser mon budget.
I have to **count** my expenses to stay within my budget.

389. **Occuper** - *Take care of*
Ils s'**occupent** d'acheter des souvenirs pour leur famille à la

boutique.
They **take care of** buying souvenirs for their families at the store.

390. **Sens** - *Direction*
Oups, je suis parti dans le mauvais **sens** !
Oops, I went in the wrong **direction** !

391. **Cri** - *Scream*
J'ai entendu un **cri** en plein milieu de la nuit.
I heard a **scream** in the middle of the night.

392. **Cheval** - *Horse*
Nous faisons une promenade à **cheval** sur la plage en Normandie.
We take a **horse**back ride on the beach in Normandy.

393. **Loi** - *Law*
Je respecte la **loi** française en tout temps.
I respect French **law** at all times.

394. **Sombre** - *Dark*
La pièce est **sombre**, il n'y a pas d'ampoule.
The room is **dark**, there is no light bulb.

395. **Sûr** - *Safe*
Il est **sûr** de marcher la nuit dans les rues de Nice.
It is **safe** to walk at night in the streets of Nice.

396. **Espèce** - *Species*
Il y a de nombreuses **espèces** d'animaux en France.
There are many **species** of animals in France.

397. **Voici** - *This/Here is*
Voici votre chambre Monsieur.
This is your room, sir.

398. **Ancien** - *Old*
Est-ce que c'est un **ancien** bâtiment ?
Is this an **old** building ?

399. **Tandis que** - *While*
Je voudrais un café **tandis que** ma femme veut du thé.
I would like a coffee **while** my wife wants tea.

400. **Frapper** - *Strike*
Le joueur de football **frappe** la balle de toutes ses forces.
The football player **strikes** the ball with all his strength.

401. **Ministre** - *Minister*
Quel est le **ministre** des Finances de la France ?
Who is the **Minister** of Finance in France ?

402. **Selon** - *According to*
Selon la rumeur, les Parisiens sont des râleurs.
According to the rumor, the Parisians are grumblers.

403. **Travailler** - *Work*
Je veux **travailler** en France.
I want to **work** in France.

404. **Expliquer** - *Explain*
Je cherche quelqu'un pour m'**expliquer** la culture française.
I am looking for someone to **explain** French culture to me.

405. **Propre** - *Own*
Je veux découvrir la France à ma **propre** manière.
I want to discover France in my **own** way.

406. **Obtenir** - *Get*
Je travaille dur pour **obtenir** le visa dont j'ai besoin.
I am working hard to **get** the visa I need.

407. **Rentrer** - *Return*
Je prévois de **rentrer** de vacances dans quelques jours.
I plan to **return** from vacation in a few days.

408. **Mal** - *Bad*

Je me sens **mal** aujourd'hui.
I feel **bad** today.

409. **Pleurer** - *Cry*
Je **pleure** de joie en rencontrant mon amie française.
I **cry** with joy when I meet my French friend.

410. **Essayer** - *Try*
Je veux **essayer** de découvrir la France comme un local.
I want to **try** to discover France like a local.

411. **Répéter** - *Repeat*
Je **répète** les mots pour être sûr de m'en souvenir.
I **repeat** the words to make sure I remember them.

412. **Société** - *Society*
Je veux comprendre comment la **société** française est organisée.
I want to understand how French **society** is organized.

413. **Parfois** - *Sometimes*
Parfois, je me sens chanceux d'être ici en France.
Sometimes I feel lucky to be here in France.

414. **Politique** - *Politics*
Je suis fasciné par la **politique** française.
I am fascinated by French **politics**.

415. **Apporter** - *Bring*
Je t'**apporte** un café pour te réveiller.
I'll **bring** you a coffee to wake you up.

416. **Fenêtre** - *Window*
J'ouvre la **fenêtre** pour laisser entrer un peu d'air frais.
I open the **window** to let some fresh air in.

417. **Derrière** - *Behind*
Je regarde **derrière** moi quand je marche le soir.
I look **behind** me when I walk at night.

418. **Possible** - *Possible*
Tout est **possible** si tu y crois.
Everything is **possible** if you believe in it.

419. **Fortune** - *Fortune*
La **fortune** favorise ceux qui prennent des risques.
Fortune favors those who take risks.

420. **Compte** - *Account*
J'ai oublié le mot de passe de mon **compte**.
I forgot my **account** password.

421. **Champ** - *Area*
C'est dans mon **champ** de compétence.
It's in my **area** of expertise.

422. **Immense** - *Huge*
Paris est vraiment une ville **immense**.
Paris is really a **huge** city.

423. **Vraiment** - *Really*
Il a **vraiment** l'air heureux.
He looks **really** happy.

424. **Action** - *Action*
Il faut passer à l'**action** maintenant.
We must take **action** now.

425. **Boire** - *Drink*
Je vais **boire** une bière avec mes amis.
I'm going to **drink** a beer with my friends.

426. **Public** - *Public*
Il y a beaucoup de monde dans le parc **public**.
There are many people in the **public** park.

427. **Garçon** - *Boy*

Le **garçon** est très gentil.
The **boy** is very nice.

428. **Pareil** - *Like it*
Je n'ai jamais vu quelque chose de **pareil**.
I've never seen anything **like it**.

429. **Bleu** - *Blue*
Le **bleu** est ma couleur préférée.
Blue is my favorite color.

430. **Sourire** - *Smile*
Les gens **sourient** quand ils sont heureux.
People **smile** when they are happy.

431. **Couleur** - *Color*
Les **couleurs** de l'arc-en-ciel sont magnifiques.
The **colors** of the rainbow are beautiful.

432. **Coucher** - *Go to bed*
Je vais me **coucher** tôt ce soir.
I'm **going to bed** early tonight.

433. **Papier** - *Paper*
J'ai besoin d'un stylo et d'un peu de **papier** pour écrire une lettre.
I need a pen and some **paper** to write a letter.

434. **Bientôt** - *Soon*
Je vais **bientôt** partir en vacances.
I'm going on vacation **soon**.

435. **Pièce** - *Room*
La cuisine est ma **pièce** préférée de la maison.
The kitchen is my favorite **room** in the house.

436. **Montagne** - *Mountain*
J'aime escalader les **montagnes** le week-end.
I like to climb **mountains** on weekends.

437. **Sol** - *Floor*
Je me tiens debout sur le **sol** dur.
I stand on the hard **floor**.

438. **Œuvre** - *Artwork*
Je visite les musées pour admirer des **œuvres** d'art.
I visit museums to admire **artworks**.

439. **Partout** - *Everywhere*
Mon chien me suit **partout** où je vais.
My dog follows me **everywhere** I go.

440. **Trente** - *Thirty*
Il faut **trente** minutes pour aller au travail.
It takes **thirty** minutes to get to work.

441. **Exister** - *Exist*
Les différences **existent** entre les cultures et les nations.
Differences **exist** between cultures and nations.

442. **Cours** - *Course*
J'essaie de suivre le **cours** de mes professeurs.
I try to follow the **course** of my teachers.

443. **Raconter** - *Tell*
Je **raconte** des histoires à mes enfants tous les soirs.
I **tell** stories to my children every night.

444. **Serrer** - *Tighten*
Il faut **serrer** les boulons pour que ça tienne.
You have to **tighten** the bolts to make it stick.

445. **Réfléchir** - *Think*
Je **réfléchis** avant de prendre une décision importante.
I **think** before I make an important decision.

446. **Désir** - *Desire*

Nous **désirons** un avenir meilleur pour nos enfants.
We **desire** a better future for our children.

447. **Manquer** - *Miss*
Elle ne **manque** pas une occasion de s'amuser.
She doesn't **miss** an opportunity to have fun.

448. **Cour** - *Courtyard*
Les enfants jouent dans la petite **cour**.
The children play in the small **courtyard**.

449. **Nommer** - *Name*
L'enfant de mon frère se **nomme** Mathieu.
My brother's child is **named** Mathieu.

450. **Bord** - *Edge*
Il ne faut pas s'approcher du **bord** de la falaise.
Do not approach the **edge** of the cliff.

451. **Douleur** - *Pain*
Le médecin essaye de soulager la **douleur**.
The doctor tries to relieve the **pain**.

452. **Conduire** - *Drive*
Il **conduit** ses amis à la gare.
He **drives** his friends to the station.

453. **Salle** - *Room*
Elle prépare la **salle** pour la réunion.
She prepares the **room** for the meeting.

454. **Saisir** - *Seize*
Il **saisit** les opportunités qui se présentent.
He **seizes** the opportunities that present themselves.

455. **Premier** - *First*
Il est le **premier** à se lever le matin.
He is the **first** to get up in the morning.

456. **Comment** - *How*
Comment vas-tu aujourd'hui ? **Comment** allez-vous aujourd'hui ?
How are you today (informal) ? **How** are you today (formal) ?

457. **Projet** - *Project*
Elle prépare un **projet** pour l'avenir.
She is preparing a **project** for the future.

458. **Simple** - *Easy*
C'est **simple** de se déplacer dans Paris.
It's **easy** to get around Paris.

459. **Étude** - *Study*
Elle fait des **études** pour devenir avocate.
She is **studying** to become a lawyer.

460. **Remettre** - *Put (back)*
Il **remet** son manteau pour sortir dehors.
He **puts** his coat **back** on to go outside.

461. **Journal** - *Newspaper*
Elle lit le **journal** chaque matin.
She reads the **newspaper** every morning.

462. **Geste** - *Gesture*
Elle fait un **geste** de gratitude.
She makes a **gesture** of gratitude.

463. **Disparaître** - *Disappear*
Elle **disparaît** sans laisser de trace.
She **disappears** without a trace.

464. **Battre** - *Beat*
Mon ami me **bat** toujours aux échecs.
My friend always **beats** me at chess.

465. **Toucher** - *Touch*

Je ne veux pas y **toucher**.
I don't want to **touch** it.

466. **Situation** - *Situation*
Je me retrouve dans une **situation** difficile.
I find myself in a difficult **situation**.

467. **Oiseau** - *Bird*
Les **oiseaux** chantent au lever du soleil.
The **birds** sing at sunrise.

468. **Nécessaire** - *Necessary*
Il est **nécessaire** de parler français pour visiter Paris.
It is **necessary** to speak French to visit Paris.

469. **Exemple** - *Example*
C'est un **exemple** typique de la cuisine française.
This is a typical **example** of French cuisine.

470. **Siècle** - *Century*
C'est un **siècle** de changements rapides.
It is a **century** of rapid change.

471. **Apparaître** - *Appear*
Cette nouvelle route n'**apparaît** pas sur l'ancien plan.
This new road doesn't **appear** on the old plan.

472. **Souffrir** - *Suffer*
La plupart des Français ont la chance de ne pas **souffrir** de la faim.
Most French people are lucky enough not to **suffer** from hunger.

473. **Million** - *Million*
Des **millions** d'opportunités s'offrent à vous en France.
There are **millions** of opportunities in France.

474. **Prix** - *Price*
Les **prix** des logements sont très élevés à Paris.
Housing **prices** are very high in Paris.

475. **Groupe** - *Group*
Les Français aiment bien sortir en **groupe** le soir.
The French like to go out in **groups** at night.

476. **Centre** - *Center*
De nombreux magasins sont situés au **centre** de la ville.
Many stores are located in the **center** of the city.

477. **Malheur** - *Unhappiness*
Le **malheur** est souvent causé par nos propres choix.
Unhappiness is often caused by our own choices.

478. **Honneur** - *Honor*
C'est un **honneur** de pouvoir visiter la France.
It is an **honor** to be able to visit France.

479. **Fermer** - *Close*
Je **ferme** la porte pour ne pas être dérangé.
I **close** the door so as not to be disturbed.

480. **Accepter** - *Accept*
Mon frère vient d'**accepter** son offre d'emploi.
My brother just **accepted** his job offer.

481. **Garde** - *Guard*
Il y a des **gardes** devant le palais de l'Élysée.
There are **guards** in front of the Elysee Palace.

482. **Mauvais** - *Bad*
Il est très **mauvais** au tennis.
He is very **bad** at tennis.

483. **Naître** - *Born*
L'enfant vient de **naître** à l'hôpital, ses parents sont heureux.
The child has just been **born** in the hospital, his parents are happy.

484. **Sauver** - *Save*

Chaque année, la prévention routière **sauve** des milliers de vies.
Every year, road safety **saves** thousands of lives.

485. **Entier** - *Whole*
J'ai mangé le plat en **entier** parce que j'avais faim.
I ate the **whole** dish because I was hungry.

486. **Parmi** - *Among*
Il y a trois filles **parmi** tous les élèves de cette classe.
There are three girls **among** all the students in this class.

487. **Problème** - *Problem*
Le **problème** des Français est qu'ils ne parlent pas bien l'anglais.
The **problem** with the French is that they don't speak English well.

488. **Larme** - *Tear*
Des **larmes** coulent sur sa joue.
Tears run down her cheek.

489. **Avancer** - *Make progress*
L'équipe **avance** bien dans son projet de construction.
The team is **making** good **progress** on its construction project.

490. **Chien** - *Dog*
Le **chien** de ma voisine est vraiment trop mignon.
My neighbor's **dog** is really cute.

491. **Peau** - *Skin*
Je sens la chaleur du sable sur ma **peau**.
I feel the heat of the sand on my **skin**.

492. **Reste** - *Rest*
Je passe le **reste** de la semaine chez ma mère.
I spend the **rest** of the week with my mother.

493. **Traverser** - *Cross*
Je dois **traverser** la rue pour faire mes courses.
I have to **cross** the street to do my shopping.

494. **Nombre** - *Number*
Les **nombres** en Français sont un peu compliqués à apprendre.
French **numbers** are a bit complicated to learn.

495. **Debout** - *Stand*
Il se tient **debout** dans le métro pour laisser sa place à une femme âgée.
He **stands** in the subway to give his place to an elderly woman.

496. **Mesure** - *Measurements*
Mon tailleur prend mes **mesures** avant de me créer un costume.
My tailor takes my **measurements** before creating a suit for me.

497. **Social** - *Social*
Ce jeune homme est très **social**, il a beaucoup d'amis. Les réseaux sociaux.
This young man is very **social**, he has many friends. Social networks.

498. **Souvenir** - *Souvenir*
Je veux aller dans une boutique de **souvenirs**.
I want to go to a **souvenir** store.

499. **Article** - *Article*
Le journaliste écrit de nombreux **articles** pour son journal.
The journalist writes many **articles** for his newspaper.

500. **Vue** - *View*
Nous avons une belle **vue** sur la Tour Eiffel depuis notre appartement.
We have a beautiful **view** of the Eiffel Tower from our apartment.

501. **Couvrir** - *Cover*
Je **couvre** mes épaules avec une veste.
I **cover** my shoulders with a jacket.

502. **Âge** - *Age*
Il ne faut jamais demander son âge à une dame.
Never ask a lady her age.

503. **Gagner** - *Earn/Win*
Il **gagne** de l'argent. Elle **gagne** la compétition.
He **earns** money. She **wins** the competition.

504. **Système** - *System*
Le **système** administratif français est laborieux.
The French administrative **system** is laborious.

505. **Long** - *Long*
La femme porte une **longue** robe.
The woman is wearing a **long** dress.

506. **Former** - *Train*
Mon patron **forme** de nouveaux employés.
My boss **trains** new employees.

507. **Plaire** - *Please*
Le gendre **plaît** beaucoup à sa belle-mère.
The son-in-law **pleases** his mother-in-law very much.

508. **Embrasser** - *Kiss*
Les mariés s'**embrassent** devant la mairie.
The bride and groom **kiss** in front of the town hall.

509. **Rêve** - *Dream*
J'ai fait un **rêve** bizarre cette nuit.
I had a weird **dream** last night.

510. **Oser** - *Dare*
Comment a-t-il **osé** faire ça ?
How did he **dare** to do that ?

511. **Afin de** - *In order*
Nous travaillons dur **afin de** réussir.
We work hard **in order** to succeed.

512. **Passion** - *Passion*
Elle cultive sa **passion** pour la peinture.
She cultivates her **passion** for painting.

513. **Rapport** - *Report*
Le **rapport** économique du gouvernement vient de sortir.
The government's economic **report** has just been released.

514. **Refuser** - *Refuse*
Nous **refusons** d'accepter cette injustice.
We **refuse** to accept this injustice.

515. **Important** - *Important*
C'est **important** de ne pas fumer à l'intérieur du restaurant.

It is **important** not to smoke inside the restaurant.

516. **Décider** - *Decide*
Les touristes **décident** de visiter l'Arc de Triomphe le dimanche.
Tourists **decide** to visit the Arc de Triomphe on Sunday.

517. **Produire** - *Produce*
Nous **produisons** des produits de qualité.
We **produce** quality products.

518. **Soldat** - *Soldier*
Nous apprécions le sacrifice des **soldats** pour notre pays.
We appreciate the sacrifice of the **soldiers** for our country.

519. **Lèvre** - *Lip*
Elle mordille ses **lèvres** en souriant.
She bites her **lips** and smiles.

520. **Signe** - *Sign*
Les **signes** sont un moyen de communiquer.
Signs are a way to communicate.

521. **Vérité** - *Truth*
La **vérité** finit toujours par éclater.
The **truth** always comes out in the end.

522. **Charger** - *Charge*
Je **charge** mon téléphone avant de sortir.
I **charge** my phone before going out.

523. **Mariage** - *Wedding*
Nous célébrons le **mariage** de nos amis.
We celebrate the **wedding** of our friends.

524. **Mêler** - *Join/Merge*
Nous **mêlons** nos forces pour atteindre nos objectifs.
We **join** forces to achieve our goals.

525. **Certain** - *Sure*
Je suis **certain** que je vais réussir.
I am **sure** I will succeed.

526. **Plan** - *Plan*
Ils préparent leur **plan** pour les vacances.
They prepare their **plan** for the vacations.

527. **Cesser** - *Stop*
Il faut **cesser** de se comparer aux autres.
We must **stop** comparing ourselves to others.

528. Ressembler - *Look like*
Il **ressemble** beaucoup à son frère. Je ressemble à ma mère.
He **looks** a lot like his brother. I look like my mother.

529. **Dos** - *Back*
J'ai toujours mal au **dos** après être resté assis pendant des heures.
My **back** always hurts after sitting for hours.

530. **Marche** - *Walk*
La **marche** est une bonne activité pour la santé.
Walking is a good activity for your health.

531. **Dame** - *Lady*
C'est une charmante **dame** à l'accueil.
She is a charming **lady** at the reception.

532. **Chanter** - *Sing*
Ils adorent **chanter** des chansons à leur famille.
They love to **sing** songs to their families.

533. **Plutôt** - *Rather*
Je préfère **plutôt** m'amuser que de travailler.
I'd **rather** have fun than work.

534. **Conseil** - *Advice*
Je donne des **conseils** pour réussir à apprendre le français.

I give **advice** on how to succeed in learning French.

535.   **Triste** - *Sad*
Le voyageur est **triste** de partir de France.
The traveler is **sad** to leave France.

536.   **Coin** - *Corner*
Le **coin** de la table est pointu.
The **corner** of the table is pointed.

537.   **Jardin** - *Garden*
Je vais me promener dans le **jardin** pour me détendre.
I go for a walk in the **garden** to relax.

538.   **Joli** - *Pretty*
Nous trouvons cette ville très **jolie**.
We find this city very **pretty**.

539.   **Soit** - *Be*
Ils veulent que ce **soit** le plus rapide possible.
They want it to **be** as quick as possible.

540.   **Empêcher** - *Prevent*
Nous devons **empêcher** que cela se produise à nouveau.
We must **prevent** this from happening again.

541.   **Doigt** - *Finger*
Je lève le **doigt** pour poser une question.
I raise my **finger** to ask a question.

542.   **Objet** - *Object*
Ils collectionnent des **objets** rares.
They collect rare **objects**.

543.   **Fer** - *Iron*
Cette fourchette est en **fer**.
This fork is made of **iron**.

544. **Lendemain** - *The next day*
Le **lendemain**, les camions poubelles passeront dans la ville.
The next day, the garbage trucks will pass through the city.

545. **Lentement** - *Slowly*
Je me déplace **lentement** à travers les rues.
I move **slowly** through the streets.

546. **Combien** - *How much/How long*
Combien ça coûte ? **Combien** de temps durera notre voyage ?
How much does it cost ? **How long** will our trip last ?

547. **Approcher** - *Approach*
Nous nous **approchons** pour observer de plus près.
We **approach** to observe more closely.

548. **Prier** - *Pray*
Je remercie Dieu et je **prie** pour sa bénédiction.
I thank God and **pray** for his blessing.

549. **Train** - *Train*
À quelle heure part le **train** pour Bordeaux ?
What time does the **train** to Bordeaux leave ?

550. **Espérer** - *Hope*
Nous **espérons** trouver des réponses.
We **hope** to find answers.

551. **Papa** - *Dad*
Je vais aller voir mon **papa** et ma maman aujourd'hui.
I'm going to visit my mom and **dad** today.

552. **Différent** - *Different*
Les gens en France sont très **différents** des Américains.
People in France are very **different** from Americans.

553. **Valeur** - *Value*
Cet objet a une grande **valeur** sentimentale.

This object has a great sentimental **value**.

554. **Jeu** - *Game*
J'adore jouer à ce **jeu** de cartes avec mon frère.
I love playing this card **game** with my brother.

555. **Échapper** - *Escape*
Nous voulons **échapper** à la foule.
We want to **escape** the crowd.

556. **Glisser** - *Slide*
L'enfant **glisse** sur la neige.
The child **slides** on the snow.

557. **Secret** - *Secret*
Les sœurs de cette famille cachent un terrible **secret**.
The sisters of this family hide a terrible **secret**.

558. **Haut** - *Top*
Nous allons tout en **haut** du monument historique.
We go to the **top** of the historic monument.

559. **Vieillard** - *Old man*
Les **vieillards** jettent des bouts de pain aux pigeons.
The **old men** throw bits of bread to the pigeons.

560. **Briller** - *Shine*
Le soleil **brille** haut dans le ciel et éclaire la ville.
The sun **shines** high in the sky and lights up the city.

561. **Docteur** - *Doctor*
Je dois aller chez le **docteur** pour mon rhume.
I have to go to the **doctor** for my cold.

562. **Brûler** - *Burn*
Attention à ne pas te **brûler** avec la bougie.
Be careful not to **burn** yourself with the candle.

563. **Terrible** - *Terrible*
C'est **terrible** comment les enfants se sont moqués de lui.
It's **terrible** how the kids made fun of him.

564. **Placer** - *Place*
La mère **place** le joli vase en porcelaine dans sa chambre.
The mother **places** the beautiful porcelain vase in her room.

565. **Ton** - *Tone*
La musique mystérieuse donne le **ton** de la soirée.
The mysterious music sets the **tone** for the evening.

566. **Jambe** - *Leg*
Je veux me faire un tatouage sur la **jambe** droite.
I want to get a tattoo on my right **leg**.

567. **Juger** - *Judge*
Le jury **juge** la performance des chanteurs.
The jury **judges** the performance of the singers.

568. **Suffire** - *Be enough*
Quelques cuillères de sucre devraient **suffire**.
A few spoonfuls of sugar should **be enough**.

569. **Endroit** - *Place*
Il s'est trouvé au mauvais **endroit**, au mauvais moment.
He was in the wrong **place** at the wrong time.

570. **Minute** - *Minutes*
Je dois attendre encore cinq **minutes** avant le prochain bus.
I have to wait another five **minutes** before the next bus.

571. **Atteindre** - *Reach*
Le train **atteint** sa destination finale dans deux heures.
The train **reaches** its final destination in two hours.

572. **Nuage** - *Cloud*
Des **nuages** noirs couvrent le ciel aujourd'hui.

Dark **clouds** cover the sky today.

573. **Présence** - *Presence*
La **présence** de sa mère à l'oral le stress.
His mother's **presence** at the speech stresses him.

574. **Fou** - *Crazy*
Il faut être **fou** pour devenir banquier dans cette économie.
You have to be **crazy** to become a banker in this economy.

575. **Épaule** - *Shoulder*
Son **épaule** gauche est plus musclée que son épaule droite.
His left **shoulder** is more muscular than his right shoulder.

576. **Léger** - *Light*
Ce jeune homme boxe dans la catégorie des poids **légers**.
This young man boxes in the **light** weight category.

577. **Feuille** - *Leave*
En automne, les **feuilles** oranges tombent des arbres.
In autumn, the orange **leaves** fall from the trees.

578. **Liberté** - *Liberty/Freedom*
La devise de la France est : **Liberté**, Égalité, Fraternité.
The motto of France is : **Liberty**, Equality, Fraternity.

579. **Journée** - *Day*
Nous passons une belle **journée** à Paris.
We spend a beautiful **day** in Paris.

580. **Libre** - *Free*
Je m'occupe de mes frères et sœurs pendant mon temps **libre**.
I take care of my siblings in my **free** time.

581. **Annoncer** - *Announce*
Je vais **annoncer** à mes parents que je pars en France.
I will **announce** to my parents that I am leaving for France.

582. **Avenir** - *Future*
Ce jeune homme a un bel **avenir** devant lui.
This young man has a bright **future** ahead of him.

583. **Sourire** - *Smile*
Un grand **sourire** s'affiche sur son visage quand il voit Marie.
A big **smile** appears on his face when he sees Marie.

584. **Hier** - *Yesterday*
Hier je n'ai pas eu le temps de visiter des monuments historiques.
Yesterday I did not have time to visit any historical monuments.

585. **Résultat** - *Result*
Le **résultat** de la loterie est donné en direct à la télévision.
The **result** of the lottery is given live on television.

586. **Élever** - *Raise*
Je veux **élever** mes enfants à la campagne.
I want to **raise** my children in the country.

587. **Acheter** - *Buy*
Je veux m'**acheter** un nouvel ordinateur pour travailler.
I want to **buy** a new computer to work on.

588. **Mener** - *Carry on*
Je peux **mener** une conversation simple en français.
I can **carry on** a simple conversation in French.

589. **Préparer** - *Prepare*
Les survivalistes se **préparent** au pire.
Survivalists **prepare** for the worst.

590. **Pourquoi** - *Why*
Pourquoi tout le monde aime tant cet animateur ?
Why does everyone love this host so much ?

591. **Hôtel** - *Hotel*
Je vais réserver une chambre à l'**hôtel**.

I will book a room at the **hotel**.

592. **Semaine** - *Week*
Une **semaine** est composée de sept jours.
A **week** is composed of seven days.

Here are the seven days of the week :

Lundi - Monday
Mardi - Tuesday
Mercredi - Wednesday
Jeudi - Thursday
Vendredi - Friday
Samedi - Saturday
Dimanche - Sunday

---

593. **Forêt** - *Forest*
J'adore les balades en **forêt** le week-end.
I love walking in the **forest** on weekends.

594. **Assurer** - *Make sure*
Il s'**assure** que ses bagages sont prêts avant de partir.
He **makes sure** his luggage is ready before leaving.

595. **Pur** - *Pure*
Passer du temps avec toi, c'est un **pur** bonheur !
Spending time with you is **pure** happiness !

596. **Qualité** - *Quality*
L'employeur lui a demandé quelles étaient ses plus grandes **qualités**.
The employer asked him what his best **qualities** were.

597. **Prince** - *Prince*
Le **prince** gouverne le royaume.
The **prince** governs the kingdom.

598. **Bien** - *Great/Well*
Je trouve que ce t-shirt te va très **bien** !
I think this shirt looks **great** on you !

599. **Également** - *Also*
C'est **également** un très bon ami à moi.
He is **also** a very good friend of mine.

600. **Deviner** - *Guess*
Devine quel est mon âge, tu as trois essais.
Guess how old I am, you have three tries.

601. **Médecin** - *Doctor*
Je dois prendre rendez-vous chez le **médecin** demain.
I have a **doctor**'s appointment tomorrow.

602. **Considérer** - *Consider*
Je me **considère** comme un assez bon chanteur.
I **consider** myself a pretty good singer.

603. **Volonté** - *Willingness*
J'ai gagné parce que j'ai la **volonté** de réussir.
I won because I have the **willingness** to succeed.

604. **Seigneur** - *Lord*
La France avait de nombreux **seigneurs** autrefois.
France had many **lords** in the past.

605. **Effort** - *Effort*
Les **efforts** des touristes pour s'intégrer sont les bienvenus.
The **efforts** of tourists to integrate are welcome.

606. **Vert** - *Green*
Les feuilles des arbres sont **vertes** au printemps.
The leaves of the trees are **green** in spring.

607. **Art** - *Art*
La nourriture est un **art** de vivre français.
Food is a French **art** of living.

608. **Moindre** - *Slightest*

La **moindre** critique la rend triste.
The **slightest** criticism makes her sad.

609. **Demain** - *Tomorrow*
Demain je dois prendre le métro pour visiter Paris.
Tomorrow I have to take the metro to visit Paris.

610. **Quarante** - *Forty*
Cette bouteille de vin blanc coûte **quarante** euros.
This bottle of white wine costs **forty** euros.

611. **Cinquante** - *Fifty*
Une fois j'ai trouvé un billet de **cinquante** euros par terre.
Once I found a **fifty** euro bill on the floor.

612. **Foule** - *Crowd*
La **foule** se rend sur les Champs Élysées pour fêter la victoire de l'équipe de football.
The **crowd** goes to the Champs Élysées to celebrate the victory of the soccer team.

613. **Appartenir** - *Belong*
Cette écharpe m'**appartient**.
This scarf **belongs** to me.

614. **Aussitôt** - *Immediately*
Dès que je l'ai vu, je l'ai **aussitôt** reconnu.
As soon as I saw him, I **immediately** recognized him.

615. **Ligne** - *Row/Line*
Le tableau possède trois colonnes et cinq **lignes**.
The table has three columns and five **rows**.

616. **Représenter** - *Represent*
Il **représente** l'espoir de toute une nation.
He **represents** the hope of an entire nation.

617. **Tromper** - *Cheat*

Les entreprises honnêtes ne **trompent** pas leurs clients.
Honest companies do not **cheat** their customers.

618. **Intérieur** - *Inside*
Viens à l'**intérieur**, il fait plus chaud.
Come **inside**, it's warmer.

619. **Vendre** - *Sell*
Je dois **vendre** mon vélo sur un site de petites annonces.
I have to **sell** my bike on a classified ads website.

620. **Beauté** - *Beauty*
Cette femme est d'une **beauté** époustouflante.
This woman is a stunning **beauty**.

621. **Riche** - *Rich*
Cet entrepreneur est **riche** comme Crésus.
This entrepreneur is as **rich** as Croesus.

622. **Craindre** - *Fear*
L'enfant **craint** la colère de son père.
The child **fears** his father's anger.

623. **Étrange** - *Strange*
Il a une **étrange** marque sur le front.
He has a **strange** mark on his forehead.

624. **Emporter** - *Take/Bring*
Les cuisiniers **emportent** leurs couteaux partout avec eux.
Cooks **take** their knives everywhere with them.

625. **Ensuite** - *Then*
Je marche **ensuite** je mangerais au restaurant.
I walk and **then** I eat at the restaurant.

626. **Prendre soin** - *Take care*
J'aime **prendre soin** de mon corps.
I like to **take care** of my body.

627. **Naturel** - *Naturally*
Cet homme est séduisant au **naturel**.
This man is **naturally** attractive.

628. **Hasard** - *Chance*
J'ai rencontré mon ami au concert par **hasard**.
I met my friend at the concert by **chance**.

629. **Puis** - *Then*
Je vais visiter la Tour Eiffel **puis** je prendrai un café bien chaud.
I'll visit the Eiffel Tower and **then** have a hot coffee.

630. **Condition** - *Term*
Les **conditions** du contrat sont claires.
The **terms** of the contract are clear.

631. **Quinze** - *Fifteen*
La robe coûte **quinze** euros.
The dress costs **fifteen** euros.

632. **Classe** - *Class*
Cette femme a beaucoup de **classe**.
This woman has a lot of **class**.

633. **Voyage** - *Trip*
Un **voyage** en France est une expérience qui ouvre l'esprit.
A **trip** to France is a mind opening experience.

634. **Auprès** - *With/Among*
Cette femme a beaucoup de succès **auprès** des hommes.
This woman is very popular **with** men.

635. **Présent** - *Present*
Il est **présent** tous les jours depuis maintenant un an.
He has been **present** every day for a year now.

636. **Caractère** - *Character*

Son **caractère** l'empêche de se faire des amis.
His **character** prevents him from making friends.

637. **Attention** - *Be careful*
Attention à la marche. Vous devez faire **attention**.
Be careful walking. You have to **be careful**.

638. **Gris** - *Grey*
Le chat **gris** est vraiment trop mignon.
The **grey** cat is really too cute.

639. **Rouler** - *Drive*
Les voitures **roulent** sur la voie de droite en France.
Cars **drive** on the right lane in France.

640. **Faible** - *Low*
Ma batterie est **faible**, je dois recharger mon téléphone.
My battery is **low**, I need to charge my phone.

641. **Posséder** - *Have (more formal)*
Je **possède** une belle voiture rouge et une grande maison.
I **have** a beautiful red car and a big house.

642. **Scène** - *Stage*
Les artistes jouent sur **scène** devant un grand public.
The artists play on **stage** in front of a large audience.

643. **Difficile** - *Difficult*
Il est **difficile** de prendre un rendez-vous chez le coiffeur.
It is **difficult** to make an appointment with the hairdresser.

644. **Français** - *French*
Les **Français** sont très fiers de leurs plats traditionnels.
The **French** are very proud of their traditional dishes.

645. **Réveiller** - *Wake up*
Elle se **réveille** tous les matins à six heures pour aller travailler.
She **wakes up** every morning at six to go to work.

646. **Foi** - *Faith*
Il faut garder la **foi** même dans les moments difficiles.
We must keep our **faith** even in difficult times.

647. **Aider** - *Help*
J'**aide** mes parents à déménager.
I **help** my parents to move.

648. **Découvrir** - *Discover*
Les touristes **découvrent** avec joie la beauté de Paris.
The tourists **discover** with joy the beauty of Paris.

649. **Odeur** - *Smell*
Une forte **odeur** se dégage des poubelles.
A strong **smell** emanates from the garbage.

650. **Choisir** - *Choose*
Je **choisis** toujours le chemin le plus court.
I always **choose** the shortest route.

651. **Musique** - *Music*
Allons écouter de la **musique** dans un bar.
Let's go listen to **music** in a bar.

652. **Oncle** - *Uncle*
Mon **oncle** est une star du cinéma Français.
My **uncle** is a French movie star.

653. **Événement** - *Event*
Un grand **évènement** est en train de se produire à la place Concorde.
A great **event** is taking place at the Place Concorde.

654. **Prononcer** - *Pronounce*
Les français **prononcent** rarement le "ne" dans les négations.
French people rarely **pronounce** the "ne" in negations.

655. **Village** - *Village*
Saint-Émilion est un joli **village** français.
Saint-Emilion is a pretty French **village**.

656. **Taire** - *Quiet*
Les enfants doivent se **taire** pendant que les adultes parlent.
Children should be **quiet** while adults talk.

657. **Envie** - *Wish*
Sa seule **envie** serait de devenir peintre.
Her only **wish** would be to become a painter.

658. **Midi** - *Noon*
Les Français mangent généralement à **midi**.
French people usually eat at **noon**.

659. **Ensemble** - *Together*
Ils sont **ensemble** depuis maintenant cinq ans.
They have been **together** for five years now.

660. **Expression** - *Expression*
Les Français ont beaucoup d'**expressions** bien à eux.
The French have many **expressions** of their own.

661. **Herbe** - *Grass*
L'**herbe** est toujours plus verte ailleurs.
The **grass** is always greener elsewhere.

> The expression "L'herbe est toujours plus verte ailleurs" is an expression that means that others always seem to have a better or more interesting life than we do. Basically, it's always better at the neighbor's.

662. **Vieux** - *Old*
Le pont est aussi **vieux** que la ville de Bordeaux.
The bridge is as **old** as the city of Bordeaux.

663. **Pluie** - *Rain*
La **pluie** tombe sur Paris.

The **rain** falls on Paris.

664. **Près** - *Near*
Le supermarché est **près** du restaurant étoilé.
The supermarket is **near** the star restaurant.

665. **Bas** - *Lower*
La machine à laver se trouve dans la salle du **bas**.
The washing machine is located in the **lower** room.

666. **Rêver** - *Dream*
Cette nuit j'ai **rêvé** de toi.
Last night I **dreamed** of you.

667. **Appuyer** - *Press*
Il faut **appuyer** sur ce bouton en cas d'incendie.
This button must be **pressed** in case of fire.

668. **Étendre** - *Stretch*
Il **étend** ses jambes sous la table en attendant le repas.
He **stretches** his legs under the table while waiting for the meal.

669. **Après** - *After*
Après mon sport je prends une douche bien chaude.
After my sport I take a hot shower.

670. **Général** - *General*
En **général** je n'aime pas trop la viande rouge.
In **general** I don't like red meat.

671. **Lutter** - *Fight/Struggle*
Le poisson **lutte** contre le courant.
The fish **fights** against the current.

672. **Trembler** - *Shake*
Ce sans-abri **tremble** de froid en pleine rue.
This homeless man **shakes** from the cold in the middle of the street.

673. **Réponse** - *Answer*
Sa **réponse** a choqué tout le monde.
His **answer** shocked everyone.

674. **Grâce** - *Thanks to*
Grâce à ma persévérance, j'ai décroché ce job.
Thanks to my perseverance, I landed this job.

675. **Espace** - *Space/Gap*
Il y a un grand **espace** entre ces deux chaises.
There is a big **space** between these two chairs.

676. **Habitude** - *Habit*
Une **habitude** se construirait en soixante jours.
A **habit** would be built in sixty days.

677. **Défendre** - *Defend*
Le combattant se **défend** en mettant ses poings devant sa tête.
The fighter **defends** himself by putting his fists in front of his head.

678. **Mémoire** - *Memory*
Selon mes amis, j'ai une excellente **mémoire**.
According to my friends, I have an excellent **memory**.

679. **Créer** - *Create*
Mon neveu **créé** des logiciels pour les ordinateurs.
My nephew **creates** software for computers.

680. **Grave** - *Serious*
L'action de cet homme politique est **grave**.
The action of this politician is **serious**.

681. **Maintenir** - *Keep*
Il se **maintient** en forme en marchant une heure tous les jours.
He **keeps** himself in shape by walking for an hour every day.

682. **Verre** - *Glass*
J'ai besoin d'un **verre** d'eau s'il vous plaît.
I need a **glass** of water please.

683. **Campagne** - *Countryside*
Je veux élever mes enfants à la **campagne**.
I want to raise my children in the **countryside**.

684. **Quelqu'un** - *Someone*
Quelqu'un m'a dit qu'il aimait mon style vestimentaire.
Someone told me that he liked the way I dressed.

685. **Juge** - *Judge*
Le **juge** va rendre son verdict concernant le prisonnier.
The **judge** will give his verdict on the prisoner.

686. **Genou** - *Knee*
J'ai mal au **genou**, je pense que c'est de l'arthrose.
My **knee** hurts, I think it's arthritis.

687. **Impossible** - *Impossible*
Il est **impossible** de ne pas acheter de baguette en France.
It is **impossible** not to buy a baguette in France.

688. **Fête** - *Party*
Mon copain organise une grande **fête**, tu veux venir ?
My friend is having a big **party**, do you want to come ?

689. **Indiquer** - *Show*
S'il vous plaît, pouvez-vous m'**indiquer** le bon chemin ?
Please, can you **show** me the right way ?

690. **Prêt** - *Ready*
Est-ce que vous êtes **prêt** pour partir ?
Are you **ready** to go ?

691. **Promettre** - *Promise*
Je **promets** à ma mère de lui envoyer des messages autant que

possible.
I **promise** my mom I will text her as much as I can.

692.   **Relever** - *Get up*
Le garçon tombe dans la rue puis se **relève** sans pleurer.
The boy falls in the street and then **gets up** without crying.

693.   **Abandonner** - *Give up*
Chaque année, des milliers de personnes **abandonnent** leur chien.
Every year, thousands of people **give up** their dogs.

694.   **Ignorer** - *Ignore*
Il vaut mieux **ignorer** les personnes qui ne font que se plaindre.
It is best to **ignore** people who only complain.

695.   **Large** - *Wide*
Ce magasin propose une **large** sélection de produits.
This store offers a **wide** selection of products.

696.   **Parent** - *Parent*
Mes **parents** ont toujours été là pour moi.
My **parents** have always been there for me.

697.   **Colère** - *Angry*
Elle se met facilement en **colère**.
She gets **angry** easily.

698.   **Exprimer** - *Express*
Les Français **expriment** leur indignation à la suite de cette réforme.
The French **express** their indignation following this reform.

699.   **Étoile** - *Star*
Le ciel est rempli d'**étoiles** ce soir.
The sky is full of **stars** tonight.

700.   **Devoir** - *Duty*
Les parents ont le **devoir** de prendre soin de leur enfant.

Parents have a **duty** to take care of their child.

701. **Conscience** - *Aware*
Il faut prendre **conscience** de la chance que nous avons.
We must be **aware** of how lucky we are.

702. **Existence** - *Existence*
L'**existence** d'un nouveau médicament donne espoir.
The **existence** of a new drug gives hope.

703. **Accompagner** - *Accompany*
Mon ami m'a **accompagné** lors de mon voyage.
My friend **accompanied** me on my trip.

704. **Immobile** - *Motionless*
Le chat est resté **immobile** pendant au moins dix minutes.
The cat remained **motionless** for at least ten minutes.

705. **Adresser** - *Approach*
Je me suis **adressé** au maire pour régler ce problème.
I have **approached** the mayor to address this issue.

706. **Observer** - *Observe*
Le chien **observe** tous les passants dans la rue.
The dog **observes** all the passers-by in the street.

707. **Juste** - *Just*
Je vais **juste** prendre un petit verre d'eau s'il vous plaît.
I'll **just** have a small glass of water please.

708. **Puissance** - *Power*
La **puissance** du moteur de cette voiture est impressionnante.
The engine **power** of this car is impressive.

709. **Matière** - *Material*
La **matière** de cette robe est vraiment douce.
The **material** of this dress is really soft.

710. **Sable** - *Sand*
Une plage est constituée de millions de grains de **sable**.
A beach is made of millions of grains of **sand**.

711. **Séparer** - *Separate*
Mes parents se sont **séparés** quand j'avais seulement huit ans.
My parents **separated** when I was only eight years old.

712. **Marier** - *Marry*
Ils se **marient** devant tous leurs proches et leurs familles.
They get **married** in front of all their relatives and families.

713. **Prévoir** - *Expect*
L'entreprise **prévoit** de la croissance l'année prochaine.
The company **expects** to grow next year.

714. **Vivant** - *Alive*
Mon chat est bien **vivant**, il court partout !
My cat is **alive** and well, running around !

715. **Accord** - *Agreement*
Le patron et l'employé sont parvenus à un **accord** satisfaisant.
The employer and employee have reached a satisfactory **agreement**.

716. **Hiver** - *Winter*
Avant le printemps vient d'abord l'**hiver**.
Before spring comes **winter**.

717. **Retour** - *Back*
Mon ami est de **retour** d'Australie.
My friend is **back** from Australia.

718. **Autrefois** - *Formerly*
Le bâtiment était **autrefois** utilisé comme caserne de pompiers.
The building was **formerly** used as a fire station.

719. **Genre** - *The type*

Il n'est pas du **genre** à se laisser faire.
He is not **the type** of person to let it happen.

720. **D'autres** - *Other*
D'autres élèves ont triché au contrôle.
Other students cheated on the test.

721. **Vif** - *Quick-witted*
Malgré son jeune âge, ce garçon est **vif** d'esprit.
Despite his young age, this boy is **quick-witted**.

722. **Amener** - *Bring*
Il **amène** beaucoup de bonne humeur partout où il va.
He **brings** a lot of good humor wherever he goes.

723. **Obliger** - *Force*
La pluie nous **oblige** à rentrer à la maison plus tôt que prévu.
The rain **forces** us to return home earlier than planned.

724. **Image** - *Image*
Mon téléphone contient plus de mille cinq cents **images**.
My phone has over fifteen hundred **images** on it.

725. **Horizon** - *Horizon*
Je vois des nuages noirs à l'**horizon**.
I see black clouds on the **horizon**.

726. **Éclairer** - *Light*
Cette petite ampoule **éclaire** toute la pièce.
This small bulb **lights** up the whole room.

727. **Poursuivre** - *Chase*
Il **poursuit** le passant pour lui rendre son chapeau qu'il a fait tomber.
He **chases** the passer-by to give him back his hat that he dropped.

728. **Danger** - *Danger*
Certaines espèces d'animaux marins sont en grave **danger**.

Some species of marine animals are in serious **danger**.

729. **Livrer** - *Deliver*
Le conducteur **livre** un colis important à son client.
The driver **delivers** an important package to his customer.

730. **Rôle** - *Role*
Elle jouait un **rôle** important dans la pièce.
She played an important **role** in the play.

731. **Escalier** - *Stair*
Il monte les **escaliers** deux par deux.
He climbs the **stairs** two by two.

732. **Goût** - *Taste*
Les escargots à l'ail ont bon **goût**… ou pas !
Garlic snails **taste** good... or not !

733. **Bête** - *Stupid*
J'ai raconté une blague **bête** mais drôle.
I told a **stupid** but funny joke.

734. **Recherche** - *Search*
Le prêtre consacre sa vie à la **recherche** de la paix intérieure.
The priest dedicates his life to the **search** for inner peace.

735. **Membre** - *Member*
Il est **membre** d'une des plus grandes organisations françaises.
He is a **member** of one of the largest French organizations.

736. **Pain** - *Bread*
Je ne peux pas manger un repas sans **pain**.
I can't eat a meal without **bread**.

737. **Phrase** - *Sentence*
Attention à ne pas faire des **phrases** trop longues.
Be careful not to make your **sentences** too long.

738. **Contenir** - *Contain*
Ce cahier **contient** de vieilles photographies.
This notebook **contains** old photographs.

739. **Rire** - *Laugh*
Les deux amoureux **rigolent** jusqu'aux éclats.
The two lovers **laugh** until the bursts.

740. **Fuir** - *Flee*
Ce voyage **fuit** son pays d'origine en guerre.
This journey **flees** his country of origin in war.

741. **Couler** - *Flow*
L'eau de la Seine **coule** à travers tout Paris.
The water of the Seine **flows** through all Paris.

742. **Moyen** - *Means*
Le magasin accepte différents **moyens** de paiement.
The store accepts various **means** of payment.

743. **Police** - *Police*
La **police** fait des tours de garde pour assurer la sécurité dans la ville.
The **police** are on guard duty to ensure security in the city.

744. **Rocher** - *Rock*
Ce **rocher** est entièrement recouvert de mousse.
This **rock** is entirely covered with moss.

745. **Proposer** - *Propose*
Il la **propose** en mariage, elle était émue.
He **proposed** to her, she was moved.

746. **Tranquille** - *Quiet*
J'aime vivre dans ce village **tranquille** et paisible.
I love living in this **quiet** and peaceful village.

747. **Unique** - *Unique*

Chaque produit possède un numéro de référence **unique**.
Each product has a **unique** reference number.

748. **Éprouver** - *Experience*
J'**éprouve** des sentiments très forts pour cette fille.
I **experience** very strong feelings for this girl.

749. **Retenir** - *Retain*
Les étudiants en médecine doivent **retenir** de nombreuses informations pour réussir.
Medical students need to **retain** a lot of information to be successful.

750. **Type** - *Type*
J'aime plusieurs **types** de musique.
I like many **types** of music.

751. **Vin** - *Wine*
Je voudrais bien un verre de **vin** s'il vous plaît.
I would like a glass of **wine** please.

752. **Supérieur** - *Superior*
La puissance de cette voiture est **supérieure** à tout autre.
The power of this car is **superior** to any other.

753. **Attacher** - *Tie*
Il **attache** son vélo à un poteau.
He **ties** his bike to a pole.

754. **Voler** - *Fly*
Les oiseaux **volent** haut dans le ciel.
The birds **fly** high in the sky.

755. **Sec** - *Dry*
Le climat de la France en été est chaud et **sec**.
The climate of France in summer is hot and **dry**.

756. **Justice** - *Justice*
La **justice** française est lente mais juste.
French **justice** is slow but fair.

757. **Époque** - *Time*
Je me rappelle, c'était une belle **époque**.
I remember it was a great **time**.

758. **Passage** - *Passage*
Un **passage** relie la maison au garage.
A **passage** connects the house to the garage.

759. **Somme** - *Amount*
Il a payé une **somme** impressionnante pour cette montre.
He paid an impressive **amount** for this watch.

760. **Science** - *Science*
Les élèves étudient les **sciences** pour leur futur métier.
Students study **science** for their future careers.

761. **Surprendre** - *Surprise*
Les résultats de la recherche **surprennent** les scientifiques.
The results of the research **surprise** the scientists.

762. **Côte** - *Hill*
Je dois monter une grande **côte** en vélo, ce n'est pas facile.
I have to climb a big **hill** by bike, it's not easy.

763. **Doucement** - *Gently*
J'ai fermé **doucement** la porte pour ne pas faire de bruit.
I **gently** closed the door so as not to make any noise.

764. **Gauche** - *Left*
Il faut tourner à **gauche** au rond-point.
Turn **left** at the traffic circle.

Fun fact : Did you know that France has more than 30,000 traffic circles ? That's more than half of the traffic circles in the European Union !

765. **Faute** - *Mistake*
Le joueur de football a fait une **faute**.
The soccer player made a **mistake**.

766. **École** - *School*
Les enfants vont à l'**école** tous les matins.
The children go to **school** every morning.

767. **Bon** - *Good*
Je connais un **bon** restaurant à proximité.
I know a **good** restaurant nearby.

768. **Ensemble** - *Together*
Ils sont **ensemble** depuis maintenant trois années.
They have been **together** for three years now.

769. **Rayon** - *Ray*
Les **rayons** de soleil passent par la fenêtre.
The sun's **rays** come through the window.

770. **Briser** - *Break*
Le vase se **brise** quand il tombe au sol.
The vase **breaks** when it falls to the ground.

771. **Sujet** - *Topic*
Le **sujet** de la discussion sera annoncé plus tard.
The *topic* of discussion will be announced later.

772. **Imaginer** - *Guess*
J'**imagine** que tu es allé faire les courses.
I **guess** you went shopping.

773. **Diriger** - *Manage/Lead*
Cet ingénieur **dirige** une équipe de six employés.
This engineer **manages** a team of six employees.

774. **Douze** - *Twelve*
Il y a exactement **douze** mois dans l'année.

There are exactly **twelve** months in the year.

775. **Dernier** - *Last*
C'est le **dernier** à venir me dire bonjour.
He's the **last** one to come and say hello.

776. **Avis** - *Review*
Je regarde toujours les **avis** avant d'acheter.
I always look at **reviews** before I buy.

777. **Parvenir** - *Manage*
Il **parvient** à se hisser en haut du classement.
He **manages** to climb to the top of the ranking.

778. **Ouvert** - *Open*
Le magasin est **ouvert** à partir de neuf heures.
The store is **open** from nine o'clock.

779. **Poète** - *Poet*
La France a accueilli de nombreux **poètes** par le passé.
France has welcomed many **poets** in the past.

780. **Meilleur** - *Better*
Tu es **meilleur** que moi pour cuisiner.
You are **better** at cooking than I am.

781. **Paysan** - *Peasant*
Les **paysans** s'occupent des champs pour nourrir les habitants.
The **peasants** take care of the fields to feed the inhabitants.

782. **Remarquer** - *Notice*
Son homme a **remarqué** sa nouvelle coupe de cheveux.
Her man **noticed** her new haircut.

783. **Éviter** - *Avoid*
Il vaut mieux **éviter** cette rue quand il fait nuit.
It is better to **avoid** this street when it is dark.

784. **Soudain** - *Suddenly*
Soudain, il se rappelle de son rendez-vous chez le médecin.
Suddenly, he remembers his doctor's appointment.

785. **Succès** - *Success*
Cet entrepreneur a beaucoup de **succès** dans ses entreprises.
This entrepreneur is very **successful** in his businesses.

786. **Île** - *Island*
Napoléon a été exilé sur l'**île** de Saint-Hélène.
Napoleon was exiled to the **island** of Saint Helena.

787. **Établir** - *Establish*
Il a **établi** une entreprise prospère en très peu de temps.
He **established** a successful business in a very short time.

788. **Réussir** - *Succeed*
L'étudiant a **réussi** à trouver un emploi.
The student **succeeded** in finding a job.

789. **Pencher** - *Lean*
Il se **penche** vers moi pour m'embrasser.
He **leans** in to kiss me.

790. **Habiter** - *Live*
Mon ami **habite** dans le quinzième arrondissement de Paris.
My friend **lives** in the fifteenth district of Paris.

791. **Entourer** - *Surround*
Cet entrepreneur ne s'**entoure** que des meilleurs.
This entrepreneur only **surrounds** himself with the best.

792. **Déclarer** - *State*
Il **déclare** qu'il n'a rien à cacher.
He **states** that he has nothing to hide.

793. **Détail** - *Detail*
Le diable se cache dans les **détails**.

The devil is in the **details**.

794. **Arme** - *Arm*
Les soldats prennent les **armes** pour défendre leur pays.
Soldiers take up **arms** to defend their country.

795. **Réalité** - *Reality*
Il y a un fossé entre nos attentes et la **réalité**.
There is a gap between our expectations and **reality**.

796. **Confiance** - *Trust*
Je lui fais entièrement **confiance**.
I **trust** him completely.

797. **Masse** - *Mass*
Une **masse** de personnes se rassemble pour fêter la nouvelle année.
A **mass** of people gather to celebrate the New Year.

798. **Crise** - *Crisis*
La **crise** économique a frappé tout le pays.
The economic **crisis** has hit the whole country.

799. **Étonner** - *Surprise*
Je suis **étonné** qu'il ne m'ait pas appelé hier.
I'm **surprised** he didn't call me yesterday.

800. **Poste** - *Position*
J'ai postulé à un **poste** de cadre.
I applied for a managerial **position**.

801. **Dresser** - *Train*
Il **dresse** son chien pour que celui-ci soit obéissant.
He **trains** his dog to be obedient.

802. **Durer** - *Last*
La pièce de spectacle **dure** au moins deux heures.
The show **lasts** at least two hours.

803. **Depuis** - *Since*
Je mange des fraises **depuis** que je suis tout petit.
I've been eating strawberries **since** I was a kid.

804. **Faux** - *False*
Il faut répondre aux questions par vrai ou **faux**.
The questions must be answered true or **false**.

805. **Fixer** - *Fix*
Il **fixe** le tableau au mur avec un clou.
He **fixes** the painting to the wall with a nail.

806. **Énorme** - *Huge*
Il a gagné d'**énormes** gains avec la bourse.
He has made **huge** gains in the stock market.

807. **Principe** - *Principle*
L'honnêteté est pour moi un **principe** de base.
Honesty is a basic **principle** for me.

808. **Direction** - *The way*
S'il vous plaît, pouvez-vous m'indiquer la **direction** vers la tour Eiffel ?
Please, can you show me **the way** to the Eiffel Tower ?

809. **Taille** - *Size*
Les vêtements sont groupés par **taille**.
The clothes are grouped by **size**.

810. **Désirer** - *Wish*
Je **désire** renouveler mon abonnement au magazine.
I **wish** to renew my subscription to the magazine.

811. **Santé** - *Health*
Le docteur affirme que je suis en bonne **santé**.
The doctor says I am in good **health**.

812. **Ventre** - *Stomach*

J'ai mal au **ventre** aujourd'hui, j'espère que ça va aller mieux.
My **stomach** hurts today, I hope it gets better.

813. **Marché** - *Market*
Tous les samedis, je vais au **marché** pour acheter des légumes.
Every Saturday I go to the **market** to buy vegetables.

814. **Puissant** - *Powerful*
Beaucoup de gens veulent devenir riches et **puissants**.
Many people want to become rich and **powerful**.

815. **Simplement** - *Simply*
Il faut **simplement** appuyer sur ce bouton pour lancer la machine.
Simply press this button to start the machine.

816. **Environ** - *About*
Je gagne **environ** trois milles euros par mois.
I earn **about** three thousand euros a month.

817. **Tellement** - *So*
Je suis **tellement** heureuse de te voir !
I am **so** happy to see you !

818. **Arracher** - *Pull out*
Il s'**arrache** les cheveux à chaque fois qu'il entend ça !
He **pulls** his hair **out** every time he hears this !

819. **Entraîner** - *Train*
Ce jeune joueur s'**entraîne** pour devenir le meilleur.
This young player is **training** to be the best.

820. **Soutenir** - *Support*
L'entreprise **soutient** le développement durable.
The company **supports** sustainable development.

821. **Couper** - *Cut*
Le bûcheron **coupe** du bois pour se chauffer.
The woodcutter **cuts** wood for heating.

822. **Trou** - *Hole*
Je dois creuser un **trou** afin de planter cette fleur.
I have to dig a **hole** to plant this flower.

823. **Inconnu** - *Stranger*
Ma mère me disait toujours de ne pas parler aux **inconnus**.
My mother always told me not to talk to **strangers**.

824. **Pont** - *Bridge*
De nombreux **ponts** existent à Paris pour traverser la Seine.
Many **bridges** exist in Paris to cross the Seine.

825. **Lune** - *Moon*
La **lune** éclaire le ciel pendant la nuit.
The **moon** lights up the sky at night.

826. **Dehors** - *Outside*
Je sors **dehors** pour marcher et me dégourdir les jambes.
I go **outside** to walk and stretch my legs.

827. **Certes** - *Sure*
Certes, nous avons perdu le match, mais nous avons bien joué.
Sure, we lost the game, but we played well.

828. **Robe** - *Dress*
La femme porte une belle **robe** rouge.
The woman is wearing a beautiful red **dress**.

829. **Douter** - *Doubt*
Je **doute** de mes compétences pour ce nouveau travail.
I **doubt** my skills for this new job.

830. **Retirer** - *Withdraw*
Je **retire** de l'argent au distributeur automatique.
I **withdraw** money from an ATM.

831. **Brusquement** - *Abrupt*

Le conducteur de la voiture verte tourne **brusquement** à droite.
The driver of the green car makes an **abrupt** right turn.

832. **Entrée** - *Entrance*
Ma chambre est juste à côté de l'**entrée**.
My room is right next to the **entrance**.

833. **Source** - *Source*
Le pétrole est une **source** importante d'énergie.
Oil is an important **source** of energy.

834. **Camarade** - *Classmate*
Mon **camarade** de classe a une meilleure note que moi.
My **classmate** has a better grade than me.

835. **Dent** - *Tooth*
Je vais chez le dentiste pour qu'il vérifie l'état de mes **dents**.
I go to the dentist to have him check the condition of my **teeth**.

836. **Connaissance** - *Knowledge*
Ma sœur a une bonne **connaissance** du français.
My sister has a good **knowledge** of French.

837. **Cou** - *Neck*
Il porte un collier autour du **cou**.
He wears a necklace around his **neck**.

838. **But** - *Goal*
Mon **but** est de trouver la femme de ma vie.
My **goal** is to find the woman of my life.

839. **Promener** - *Walk*
Je me **promène** dans Paris avec mon chien.
I **walk** in Paris with my dog.

840. **Vague** - *Wave*
J'ai peur d'aller me baigner car il y a de grandes **vagues**.
I am afraid to go swimming because there are big **waves**.

841. **Élément** - *Element*
Le carbone est un **élément** naturel et rare.
Carbon is a natural and rare **element**.

842. **Voie** - *Lane*
La **voie** de droite est fermée à cause des travaux de construction.
The right **lane** is closed due to construction.

843. **Nez** - *Nose*
J'ai froid au **nez**.
My **nose** is cold.

844. **Forcer** - *Force*
Les parents **forcent** leur enfant à finir son assiette.
Parents **force** their children to finish their plates.

845. **Particulier** - *Peculiar*
Il est un peu **particulier**, mais très gentil.
He is a bit **peculiar**, but very nice.

846. **Discours** - *Speech*
Le président fait un **discours** devant tout le monde.
The president makes a **speech** in front of everyone.

847. **Maladie** - *Disease*
Certaines **maladies** sont faciles à guérir.
Some **diseases** are easy to cure.

848. **Chaleur** - *Heat*
Le feu de cheminée dégage une **chaleur** très agréable.
The fireplace gives off a very pleasant **heat**.

849. **Gloire** - *Glory*
Ce monument représente la **gloire** du pays.
This monument represents the **glory** of the country.

850. **Vide** - *Vacuum/Void*

Le vaisseau spatial voyage dans le **vide** de l'espace.
The spaceship travels in the **vacuum** of space.

851. **Examiner** - *Review*
Le professeur **examine** la copie de l'élève.
The teacher **reviews** the student's copy.

852. **Revoir** - *See (again)*
Je vais **revoir** mon ami en janvier.
I will **see** my friend in January.

853. **Aide** - *Help*
Je demande de l'**aide** à mon ami pour déménager.
I ask my friend to **help** me move.

854. **Début** - *Beginning*
C'est seulement le **début** de notre histoire.
This is only the **beginning** of our story.

855. **Ennemi** - *Ennemy*
L'**ennemi** de mon ami est mon ennemi.
The **enemy** of my friend is my enemy.

856. **Second** - *Second*
Ce coureur arrive à chaque fois **second**.
This runner comes **second** every time.

857. **Aile** - *Wing*
L'**aigle** déploie ses ailes pour voler.
The eagle spreads its **wings** to fly.

858. **Flamme** - *Flame*
Une **flamme** sort du briquet.
A **flame** comes out of the lighter.

859. **Chaise** - *Chair*
Je dois commander quatres **chaises** et une table pour mon appartement.

I need to order four **chairs** and a table for my apartment.

860. **Lourd** - *Heavy*
Il soulève des poids **lourds** pour prendre du muscle.
He lifts **heavy** weights to build muscle.

861. **Véritable** - *Real*
C'est une **véritable** catastrophe ce qu'il se passe !
It's a **real** disaster what's going on !

862. **Toit** - *Roof*
Le plus important est d'avoir toujours un **toit** sur la tête.
The most important thing is to always have a **roof** over your head.

863. **Remplir** - *Fill out*
Je dois **remplir** ce formulaire pour avoir la nationalité française.
I have to **fill out** this form to become a French citizen.

864. **Terminer** - *Finish*
L'enfant **termine** ses devoirs puis va jouer avec ses copains.
The child **finishes** his homework and then goes to play with his friends.

865. **Vaste** - *Vast*
Le monde est **vaste** pourtant je me retrouve avec mon ami.
The world is **vast** yet I find myself with my friend.

866. **Poussière** - *Dust*
Il y a beaucoup de **poussière** sur cette commode.
There is a lot of **dust** on this dresser.

867. **Nord** - *North*
Il fait beaucoup plus froid dans le **nord** de la France.
It is much colder in the **north** of France.

868. **Tenter** - *Try*
Qui ne **tente** rien, n'a rien.
Nothing **tried**, nothing gained.

869. **Émotion** - *Emotions*
Ce film m'a fait ressentir de nombreuses **émotions**.
This film made me feel many **emotions**.

870. **Remonter** - *Pull up*
Depuis que j'ai maigri, je dois toujours **remonter** mon pantalon.
Since I lost weight, I always have to **pull up** my pants.

871. **Révolution** - *Revolution*
La **Révolution** française s'est déroulée en 1789.
The French **Revolution** took place in 1789.

872. **Théâtre** - *Theater*
Je vais au **théâtre** avec mon ami.
I go to the **theater** with my friend.

873. **Armée** - *Army*
L'**armée** de soldats se dirige vers la frontière du pays.
The **army** of soldiers is heading towards the country's border.

874. **Court** - *Short*
Avant, ma sœur avait les cheveux très **courts**.
My sister used to have very **short** hair.

875. **Noir** - *Black*
Apparement, un chat **noir** porterait malheur.
Apparently, a **black** cat would bring bad luck.

876. **Appartement** - *Apartment*
Mon **appartement** a une surface de vingt mètres carrés.
My **apartment** is twenty square meters.

877. **Installer** - *Settle*
Je m'**installe** confortablement dans le fauteuil.
I **settle** down comfortably in the chair.

878. **Jeune** - *Young*

Je me sens encore **jeune** même si je viens de fêter mes cinquante ans.
I still feel **young** even though I just turned fifty.

879. **Position** - *Position*
Partage-moi ta **position** pour que je te rejoigne.
Share your **position** with me so I can join you.

880. **Seconde** - *Second*
Il y a soixante **secondes** dans une minute.
There are sixty **seconds** in a minute.

881. **Frais** - *Fee*
Les **frais** des banques sont trop élevés.
Bank **fees** are too high.

882. **Soulever** - *Lift*
L'équipe **soulève** la coupe devant toute la France.
The team **lifts** the cup in front of all France.

883. **Appel** - *Call*
Les **appels** téléphoniques peuvent coûter cher à l'étranger.
Phone **calls** can be expensive abroad.

884. **Espoir** - *Hope*
Dans ce tableau, la jeune femme représente l'**espoir**.
In this painting, the young woman represents **hope**.

885. **Allumer** - *Turn on*
Tu peux **allumer** la lumière s'il te plaît ?
Can you please **turn on** the light ?

886. **Imposer** - *Impose*
Je ne veux pas **imposer** mon avis à tout le monde.
I don't want to **impose** my opinion on everyone.

887. **Avant** - *Before*
J'étais nerveux **avant** mon premier match de boxe.

I was nervous **before** my first boxing match.

888. **Respirer** - *Breathe*
Je **respire** l'air frais de la montagne.
I **breathe** the fresh mountain air.

889. **Arrière** - *Back*
Les ouvriers s'installent toujours à l'**arrière** du bus.
The workers always sit in the **back** of the bus.

890. **Baisser** - *Bend*
Il se **baisse** pour attraper son téléphone qu'il a fait tomber.
He **bends** down to grab his phone that he dropped.

891. **Droite** - *Right*
Après le magasin, il faut tourner à **droite** pour se garer.
After the store, you must turn **right** to park.

892. **Mort** - *Death*
Notre famille a pleuré la **mort** de mon oncle.
Our family mourned the **death** of my uncle.

893. **Jeunesse** - *Youth*
La **jeunesse** du pays est très impliquée dans l'art.
The **youth** of the country is very involved in art.

894. **Bureau** - *Office*
Le **bureau** du manager est au fond du couloir.
The manager's **office** is down the hall.

895. **Sac** - *Bag*
Il met tous ses outils dans son grand **sac**.
He puts all his tools in his big **bag**.

896. **Étranger** - *Foreign*
Mon frère est parti vivre dans un pays **étranger**.
My brother went to live in a **foreign** country.

897. **Courage** - *Courage*
Il faut du **courage** pour manger seul au restaurant.
It takes **courage** to eat alone in a restaurant.

898. **Souffler** - *Blow*
Le vent **souffle** fort aujourd'hui !
The wind is **blowing** hard today !

899. **Jaune** - *Yellow*
Le poussin **jaune** vient tout juste de naître.
The **yellow** chick has just been born.

900. **Miser** - *Bet*
Le joueur de poker **mise** beaucoup d'argent sur ce coup.
The poker player **bets** a lot of money on this move.

901. **Rapide** - *Fast*
Il est aussi **rapide** qu'une antilope disent ses amis.
He is as **fast** as an antelope say his friends.

902. **Chaud** - *Hot*
Il fait trop **chaud** aujourd'hui.
It is too **hot** today.

903. **Attirer** - *Attract*
Il est **attiré** par cette fille comme un aimant.
He is **attracted** to this girl like a magnet.

904. **Prêter** - *Lend*
Je **prête** de l'argent à mon frère pour ses études.
I **lend** money to my brother for his studies.

905. **Clair** - *Light*
Le ciel est bleu **clair**.
The sky is **light** blue.

906. **Amuser** - *Enjoy*
Il s'**amuse** beaucoup en jouant aux jeux vidéo.

He **enjoys** playing video games.

907. **Occasion** - *Used*
Je te conseille d'acheter un vélo en **occasion**.
I advise you to buy a **used** bike.

908. **Importance** - *Importance*
La découverte du laboratoire est d'une grande **importance**.
The discovery of the laboratory is of great **importance**.

909. **Quartier** - *Neighborhood*
Je vis dans un **quartier** très calme.
I live in a very quiet **neighborhood**.

910. **Auteur** - *Author*
L'**auteur** du livre signe des exemplaires pour ses fans.
The **author** of the book signs copies for his fans.

911. **Religion** - *Religion*
La **religion** peut être un sujet de conflit.
Religion can be a subject of conflict.

912. **Palais** - *Palace*
Le roi vit dans un magnifique **palais**.
The king lives in a magnificent **palace**.

913. **Réunir** - *Get together*
Ils se **réunissent** chaque soir pour jouer aux cartes.
They **get together** every night to play cards.

914. **Intelligence** - *Intelligence*
Le test de QI essaye de mesurer l'**intelligence**.
The IQ test attempts to measure **intelligence**.

915. **Voisin** - *Neighbor*
Mon **voisin** est super sympa.
My **neighbor** is super nice.

916. **Carte** - *Card*
Ma banque va m'envoyer une nouvelle **carte** de crédit.
My bank will send me a new credit **card**.

917. **Animal** - *Animal*
Un **animal** est entré chez moi cette nuit.
An **animal** came into my house last night.

918. **Été** - *Summer*
Après le printemps vient l'**été**, et il fait chaud.
After spring comes **summer**, and it is hot.

919. **Morceau** - *Piece of*
J'aimerais beaucoup avoir un autre **morceau** de gâteau.
I would love to have another **piece of** cake.

920. **Employer** - *Use*
Je fais attention à **employer** les bons mots quand je lui parle.
I am careful to **use** the right words when I talk to her.

921. **Souffrance** - *Suffering*
La **souffrance** du joueur a ému le public.
The player's **suffering** moved the audience.

922. **Prouver** - *Prove*
Il **prouve** à tout le monde qu'il est intelligent.
He **proves** to everyone that he is smart.

923. **Importer** - *Import*
Cet entrepreneur **importe** des produits de Chine.
This entrepreneur **imports** products from China.

924. **Désert** - *Desert*
Dans le **désert**, l'eau est une ressource rare.
In the **desert**, water is a rare resource.

925. **Facile** - *Easy*
C'est **facile** de se déplacer dans Paris.

It's **easy** to get around Paris.

926.   **Spectacle** - *Show*
Le **spectacle** d'hier était vraiment excellent.
Yesterday's **show** was really excellent.

927.   **Reposer** - *Rest*
Je me **repose** avant d'aller faire la fête en ville.
I **rest** before going to a party in town.

928.   **Départ** - *Departure*
Mon **départ** vers Paris est prévu pour demain après-midi.
My **departure** to Paris is scheduled for tomorrow afternoon.

929.   **Danser** - *Dance*
Il invite cette fille à **danser** avec lui.
He invites this girl to **dance** with him.

930.   **Prière** - *Prayer*
Les croyants font leur **prière** à l'église.
The believers make their **prayer** in the church.

931.   **Avouer** - *Confess*
Le suspect a **avoué** le vol.
The suspect **confessed** to the theft.

932.   **Emmener** - *Bring*
J'**emmène** mon frère au cinéma voir le dernier film.
I **bring** my brother to the cinema to see the latest movie.

933.   **Durant** - *During*
Il ne faut pas bavarder **durant** le cours du professeur.
There should be no chattering **during** the teacher's class.

934.   **Sommeil** - *Sleep*
Le **sommeil** est important pour la santé.
Sleep is important for your health.

935. **Moitié** - *Half*
La **moitié** de mon salaire part dans mon loyer.
Half of my salary goes to my rent.

936. **Contraire** - *Opposite*
Elle fait toujours le **contraire** de ce que je dis.
She always does the **opposite** of what I say.

937. **Poids** - *Weight*
Certains athlètes peuvent soulever plusieurs fois leur **poids**.
Some athletes can lift several times their body **weight**.

938. **Sonner** - *Ring*
On **sonne** à la porte, va ouvrir !
The doorbell **rings**, go open the door !

939. **Changement** - *Change*
Beaucoup de **changements** vont arriver dans les prochains mois.
A lot of **changes** will happen in the next few months.

940. **Enlever** - *Take off*
Enlève tes pieds de la table s'il te plaît.
Please **take** your feet **off** the table.

941. **Rejoindre** - *Join*
Je vais **rejoindre** le club de golf le mois prochain.
I will be **joining** the golf club next month.

942. **Intérieur** - *Interior*
L'**intérieur** de la maison est bien décoré.
The **interior** of the house is well decorated.

943. **Fruit** - *Fruit*
Mon **fruit** préféré est la poire.
My favorite **fruit** is the pear.

944. **Étudier** - *Study*
Nous **étudions** ensemble pour nous motiver.

We **study** together to motivate ourselves.

945. **Chasser** - *Hunt*
Le chat **chasse** souvent des souris.
The cat often **hunts** mice.

946. **Suivant** - *Next*
Je passe directement au chapitre **suivant** de ce livre.
I'll move on to the **next** chapter of this book.

947. **Trésor** - *Treasure*
On raconte qu'il y a un **trésor** caché sur cette île.
It is said that there is a hidden **treasure** on this island.

948. **Réduire** - *Reduce*
Le gouvernement veut **réduire** le taux de chômage en France.
The government wants to **reduce** the unemployment rate in France.

949. **Empire** - *Empire*
Napoléon avait créé un véritable **empire**.
Napoleon had created a real **empire**.

950. **Éteindre** - *Turn off*
Peux-tu **éteindre** la lumière s'il te plaît ?
Can you please **turn off** the light ?

951. **Sauter** - *Jump*
Il faut **sauter** par-dessus la barrière.
You have to **jump** over the fence.

952. **Recommencer** - *Start (over)*
Je dois tout **recommencer** depuis le début après cet échec.
I have to **start** from the beginning after this failure.

953. **Plaindre** - *Complain*
Il se **plaint** tout le temps, c'est insupportable.
He **complains** all the time, it's unbearable.

954. **Conversation** - *Conversation*
Nous avons eu une longue **conversation** ce soir.
We had a long **conversation** this evening.

955. **Soirée** - *Evening*
J'ai passé une merveilleuse **soirée** avec mes amis.
I had a wonderful **evening** with my friends.

956. **Violent** - *Violent*
Les actes **violents** ne sont jamais la solution.
Violent acts are never the answer.

957. **Devant** - *In front of*
Il passe **devant** tout le monde en scooter.
He passes **in front of** everyone on his scooter

958. **Révéler** - *Reveal*
Elle **révèle** son secret à son meilleur ami.
She **reveals** her secret to her best friend.

959. **Visite** - *Visit*
Le guide accompagne les touristes pour une **visite**.
The guide accompanies the tourists for a **visit**.

960. **Magnifique** - *Beautiful*
La musique était **magnifique**.
The music was **beautiful**.

961. **Anglais** - *English*
Les **Anglais** sont nos amis depuis toujours.
The **English** have always been our friends.

962. **Fauteuil** - *Chair*
Le **fauteuil** est très confortable.
The **chair** is very comfortable.

963. **Malade** - *Sick*

Je suis **malade** aujourd'hui, je vais aller chez le docteur.
I am **sick** today, I will go to the doctor.

964. **Cuisiner** - *Cook*
Il aime **cuisiner** des plats exotiques.
He likes to **cook** exotic dishes.

965. **Nourriture** - *Food*
Elle aime cuisiner de la **nourriture** saine et nutritive.
She enjoys cooking healthy and nutritious **food**.

966. **Compagnon** - *Compagnon*
Les chiens sont de fidèles **compagnons**.
Dogs are faithful **companions**.

967. **Expérience** - *Experience*
J'ai cinq ans d'**expérience** dans le marketing.
I have five years of **experience** in marketing.

968. **Accomplir** - *Accomplish*
Je travaille dur pour **accomplir** mes objectifs.
I work hard to **accomplish** my goals.

969. **Avec** - *With*
Je mange **avec** mon frère au restaurant.
I eat **with** my brother at the restaurant.

970. **Résoudre** - *Solve*
La police cherche des indices pour **résoudre** l'enquête.
The police are looking for clues to **solve** the investigation.

971. **Chant** - *Song*
J'aime entendre les **chants** des oiseaux.
I like to hear the **songs** of the birds.

972. **Détruire** - *Destroy*
Le temps glacial **détruit** les récoltes.
The freezing weather **destroys** the crops.

973. **Combat** - *Fight*
Le **combat** de boxe de ce soir va être violent.
Tonight's boxing **fight** is going to be violent.

974. **Aventure** - *Adventure*
Voyager dans un autre pays est une **aventure**.
Traveling to another country is an **adventure**.

975. **Intéresser** - *Interest*
Je pense que ce livre **intéressera** mon neveu qui adore l'astrologie.
I think this book will **interest** my nephew who loves astrology.

976. **Absence** - *Absence*
Son **absence** au travail commence à se faire remarquer.
His **absence** from work is beginning to be noticed.

977. **Machine** - *Machine*
Cette **machine** peut faire le travail de deux employés.
This **machine** can do the work of two employees.

978. **Aucun** - *None*
Aucun de ses frères et sœurs ne parlent espagnol.
None of her siblings speak Spanish.

979. **Honte** - *Shame*
Il n'y a pas de **honte** à demander de l'aide.
There is no **shame** in asking for help.

980. **Faim** - *Hunger*
J'avais besoin d'un gros repas pour apaiser ma **faim**.
I needed a big meal to satisfy my **hunger**.

981. **Verser** - *Pour*
Je **verse** du lait dans mon bol et je mets des céréales.
I **pour** milk into my bowl and put cereal in it.

982. **Preuve** - *Proof*

Mon alibi est la **preuve** que je suis innocent.
My alibi is **proof** that I am innocent.

983.   **Obéir** - *Obey*
L'enfant **obéit** à sa mère.
The child **obeys** his mother.

984.   **Énergie** - *Energy*
Les panneaux solaires convertissent la lumière du soleil en **énergie**.
Solar panels convert sunlight into **energy**.

985.   **Victime** - *Victim*
L'avocat défend la **victime** au procès.
The lawyer defends the **victim** at trial.

986.   **Sauvage** - *Wild*
Les loups et les ours sont des animaux **sauvages**.
Wolves and bears are **wild** animals.

987.   **Double** - *Dual/Double*
J'ai la **double** nationalité grâce à mes parents.
I have **dual** nationality thanks to my parents.

988.   **Tache** - *Stain*
Le vin a fait une **tache** rouge sur la nappe.
The wine made a red **stain** on the tablecloth.

989.   **Curiosité** - *Curiosity*
Ce mystérieux objet attise ma **curiosité**.
This mysterious object arouses my **curiosity**.

990.   **Glace** - *Ice*
L'eau se transforme en **glace** dans le frigo.
The water turns into **ice** in the fridge.

991.   **Froid** - *Cold*
L'hiver, il fait souvent **froid** en France.

In winter, it is often **cold** in France.

992. **Prison** - *Jail*
Le tribunal l'a condamné à dix jours de **prison**.
The court sentenced him to ten days in **jail**.

993. **Sérieux** - *Seriousness*
Mon docteur est réputé pour son **sérieux**.
My doctor is known for his **seriousness**.

994. **Billet** - *Ticket*
Je dois acheter un **billet** de train pour aller à Nice.
I have to buy a train **ticket** to go to Nice.

995. **Étage** - *Floor*
La grande maison de mon ami a trois **étages**.
My friend's big house has three **floors**.

996. **Protéger** - *Protect*
Le parapluie **protège** de la pluie, mais aussi du soleil.
The umbrella **protects** from the rain, but also from the sun.

997. **Rose** - *Pink*
J'ai acheté un bouquet de fleurs **roses** et jaunes.
I bought a bouquet of **pink** and yellow flowers.

998. **Dur** - *Hard*
Le vieux morceau de pain est **dur** comme de la pierre.
The old piece of bread is **hard** as a rock.

999. **Creuser** - *Dig*
J'utilise une pelle pour **creuser** un trou.
I use a shovel to **dig** a hole.

1000. **Grandir** - *Grow*
Ma fille a beaucoup **grandi** durant l'été.
My daughter has **grown** a lot over the summer.

1001. **Vêtement** - *Clothes*
Je dois aller acheter des **vêtements**, tu veux venir avec moi ?
I have to go shopping for **clothes**, do you want to come with me ?

I need you

That's right, you did it, congratulations ! You just read and learn the 1001 most common French words with context. You know, many people pick up a book and don't even get past the first chapter… fortunately, you are not one of those people, you are persistent and motivated. And that's the same reason you'll become fluent in French quickly.

Just before we go to the next part, I would like to ask you a small favor. You have to know that this book is the result of hundreds of hours of work (*and many cups of coffee, I can assure you*). And I am a simple author without a big publishing house behind me, so if you liked this book, I invite you to leave a little review on Amazon. It takes you less than 60 seconds, and I promise you it makes all the difference in the world to me. And it's a great way to thank me for my work, so I'm really counting on you, and I thank you !

Plus, by giving your review, this book will be featured on Amazon and other people like you will have the chance to read it… and this will help A LOT to reach my goal of 100,000 people discovering the French language ! So I'm really counting on you, and I thank you in advance for your comment and your reading. You're amazing !

Take care of yourself,
Raphaël Pesquet

Useful everyday phrases you need

This part is a bonus. In it I reveal some commonly used phrases that will be of great help if you go to France. These phrases will also give you important vocabulary words that you can use in many situations. In this bonus section I will show you how :

- Ordering at a restaurant
- Buying a train ticket
- Using numbers in French
- And many more !

If you want to travel to France, or even talk with a French person... these phrases are really important to know. So without further ado, let's start right away with the first topic.

Les nombres - The numbers

J'ai trois enfants.
I have three children.

Je vais au cinéma à dix-neuf heures trente.
I'm going to the movies at 7 :30 pm.

Je prends le bus numéro douze.
I take bus number twelve.

Je prends mon petit déjeuner à huit heures du matin.
I have breakfast at eight in the morning.

Je suis en retard de deux heures.

I'm two hours late.

J'ai besoin de deux cents euros de change.
I need two hundred euros of change.

J'ai reçu huit SMS aujourd'hui.
I received eight texts today.

Je suis allé au supermarché et j'ai acheté six articles.
I went to the supermarket and bought six items.

Mon anniversaire est le trente janvier.
My birthday is January 30th.

Il y a vingt pour cent de réduction sur ce vêtement.
There is a twenty percent discount on this garment.

Je travaille huit heures par jour.
I work eight hours a day.

Je suis allé à la bibliothèque et j'ai emprunté trois livres.
I went to the library and borrowed three books.

Il y a sept jours dans une semaine.
There are seven days in a week.

Il y a dix personnes à la réunion demain.
There are ten people at the meeting tomorrow.

J'ai besoin de cinq kilos de pommes pour faire une tarte.
I need five kilos of apples to make a pie.

Je suis né en mille neuf cent quatre-vingt-dix.
I was born in nineteen ninety.

Se présenter - Introduce yourself

Comment vous appelez-vous ?

What is your name ?

Pouvez-vous vous présenter s'il vous plaît ?
Can you please introduce yourself ?

Je suis ravie de vous rencontrer.
I am delighted to meet you.

Je m'appelle Marie.
My name is Marie.

Je suis de Paris.
I am from Paris.

J'aime beaucoup voyager.
I love to travel.

Ma famille est très importante pour moi.
My family is very important to me.

J'adore cuisiner pour mes amis et ma famille.
I love to cook for my friends and family.

Je suis un passionné de musique.
I am a music lover.

J'aime beaucoup lire des romans de science-fiction.
I really enjoy reading science fiction novels.

Je suis un amateur de sport.
I am a sports fan.

J'ai un chien et je suis très heureux de l'avoir dans ma vie.
I have a dog and I am very happy to have him in my life.

J'adore découvrir de nouvelles cultures.
I love discovering new cultures.

Je suis un passionné de cinéma et de séries télévisées.
I am a movie and TV series enthusiast.

J'adore passer du temps en nature et faire des randonnées.
I love spending time in nature and going on hikes.

Je suis très intéressé par la politique et la société.
I am very interested in politics and society.

Quel est votre nom de famille ?
What is your last name ?

Quel est votre métier ?
What is your job ?

D'où êtes-vous originaire ?
Where are you from ?

Avez-vous des enfants ?
Do you have children ?

Quelle est votre formation ?
What is your background ?

Pouvez-vous me parler de votre expérience professionnelle ?
Can you tell me about your professional experience ?

Êtes-vous marié ?
Are you married ?

Quels sont vos centres d'intérêt ?
What are your interests ?

Parlez-moi de vous.
Tell me about yourself.

Comment décririez-vous votre personnalité ?
How would you describe your personality ?

Pouvez-vous me dire ce que vous aimez faire pendant votre temps libre ?
Can you tell me what you like to do in your free time ?

Qu'est-ce qui vous passionne le plus dans la vie ?
What are you most passionate about in life ?

Vous avez des projets futurs ?
Do you have future plans ?

La famille - The family

J'ai deux frères et une sœur.
I have two brothers and a sister.
Mes parents sont mariés depuis trente ans.
My parents have been married for thirty years.

J'ai deux enfants, un garçon et une fille.
I have two children, a boy and a girl.

Mon frère aîné est marié et il a trois enfants.
My older brother is married and has three children.

Ma sœur cadette est encore célibataire.
My younger sister is still single.

Mes grands-parents sont encore en vie et en bonne santé.
My grandparents are still alive and well.

Mon oncle et ma tante ont quatre enfants.
My aunt and uncle have four children.

J'ai beaucoup de cousins et de cousines.
I have many cousins.

Mon mari est très proche de sa famille.
My husband is very close to his family.

Nous aimons passer du temps en famille le week-end.
We like to spend time with our family on weekends.

Mes enfants sont très proches de leurs grands-parents.
My children are very close to their grandparents.

Mon frère jumeau est toujours mon meilleur ami.
My twin brother is still my best friend.

Mes parents sont très fiers de moi.
My parents are very proud of me.

Ma famille est très importante pour moi.
My family is very important to me.

Nous aimons organiser des réunions de famille.
We like to organize family reunions.

J'ai grandi dans une famille aimante et unie.
I grew up in a loving, close-knit family.

Mon mari et moi aimons avoir des enfants autour de nous.
My husband and I love having children around.

J'ai hâte de voir ma famille pour les fêtes.
I look forward to seeing my family for the holidays.

Mon père est un homme très travailleur.
My father is a very hardworking man.

Ma mère est une bonne cuisinière et elle prépare toujours de délicieux repas.
My mother is a good cook and she always prepares delicious meals.

La nourriture - The food

Je suis en train de préparer le dîner pour ma famille.

I'm making dinner for my family.

Je ne mange pas de viande, je suis végétalien.
I don't eat meat, I'm vegan.

Je viens de prendre un délicieux petit déjeuner.
I just had a delicious breakfast.

J'adore cuisiner et j'aime essayer de nouvelles recettes.
I love to cook and I like to try new recipes.

Je fais les courses pour acheter des ingrédients pour le dîner.
I am shopping for ingredients for dinner.

Je viens de commander une pizza pour le déjeuner.
I just ordered a pizza for lunch.

Je ne peux pas manger de gluten, je suis intolérant.
I can't eat gluten, I'm intolerant.

Je vais inviter mes amis pour un dîner ce soir.
I'm going to invite my friends over for dinner tonight.

Je suis en train de préparer une salade pour le déjeuner.
I am making a salad for lunch.

Je viens de prendre un café pour me réveiller.
I just had a coffee to wake me up.

Je suis en train de faire des achats pour le barbecue de ce week-end.
I'm shopping for this weekend's barbecue.

J'aime beaucoup la cuisine japonaise et j'adore les sushis.
I really like Japanese food and I love sushi.

Je suis en train de préparer du poulet pour le dîner.
I'm making chicken for dinner.

Je viens de prendre une collation en milieu de matinée.
I just had a mid-morning snack.
Je suis en train de faire des achats pour un pique-nique en famille.
I am shopping for a family picnic.

J'adore les fruits et je mange toujours une pomme par jour.
I love fruit and always eat an apple a day.

J'aime les légumes comme les carottes et les patates.
I like vegetables like carrots and potatoes.

Je suis en train de préparer du poisson pour le dîner.
I am preparing fish for dinner.

Je viens de prendre un smoothie pour le petit déjeuner.
I just had a smoothie for breakfast.

Les transports - The transport

Je suis en train d'attendre le bus qui doit arriver à 14h00.
I am waiting for the bus that will arrive at 2pm.

Je viens de prendre le métro pour aller au travail.
I just took the subway to work.

Je suis en train d'acheter un billet pour le train ce soir.
I am buying a ticket for the train tonight.

Je viens de louer une voiture pour les vacances d'été.
I just rented a car for the summer vacation.

Je suis en train de chercher les horaires des vols pour mes prochaines vacances.
I'm looking for the flight schedule for my next vacation.

Je viens de prendre un taxi pour aller à l'aéroport.

I just took a cab to the airport.

Je suis en train de chercher les tarifs des trains pour les vacances de Noël.
I'm looking for the train rates for the Christmas vacations.

Je viens de prendre un vélo pour aller à la plage.
I just took a bike to go to the beach.

J'attends le bus qui doit arriver dans 10 minutes.
I am waiting for the bus that will arrive in 10 minutes.

Je viens de prendre un ferry pour aller sur une île.
I just took a ferry to go to an island.

Je suis en train de chercher les horaires des bus pour aller à la montagne.
I'm looking for the bus schedule to go to the mountain.

Je viens de louer une moto pour les vacances d'été.
I just rented a motorcycle for the summer vacation.

Je suis en train d'acheter un billet pour le métro.
I am buying a ticket for the subway.

Je viens de prendre un avion pour aller en vacances.
I just got on a plane to go on vacation.

Je cherche les tarifs des trains pour les vacances d'été.
I am looking for train fares for the summer vacations.

Je viens de prendre un tramway pour aller au centre-ville.
I just took a streetcar to go downtown.

Je cherche les horaires des trains pour aller chez mes grands-parents.
I'm looking for the train schedule to go to my grandparents' house.

Je viens de prendre un bus pour aller à l'école.

I just took a bus to school.

Je suis en train d'acheter un billet pour le ferry.
I am buying a ticket for the ferry.

Je viens de prendre un train pour aller chez des amis.
I just took a train to go to a friend's house.

Les loisirs - Leisure activities

J'adore aller au cinéma.
I love going to the cinema.

Je pratique le jogging tous les matins.
I jog every morning.

J'aime beaucoup voyager et découvrir de nouveaux endroits.
I love to travel and discover new places.

J'adore jouer au tennis avec mes amis.
I love playing tennis with my friends.

J'aime passer du temps en nature et faire des randonnées.
I enjoy spending time in nature and going on hikes.

J'adore la musique et je suis membre d'un club de jazz.
I love music and I'm a member of a jazz club.

Je pratique la danse contemporaine depuis plusieurs années.
I have been practicing contemporary dance for several years.

J'aime beaucoup cuisiner pour mes amis et ma famille.
I love to cook for my friends and family.

J'adore aller au théâtre et voir des pièces de théâtre.
I love going to the theater and seeing plays.

Je pratique le yoga pour me détendre.

I practice yoga to relax.

J'aime lire des livres et explorer de nouveaux genres.
I love reading books and exploring new genres.

J'adore la peinture et je suis membre d'un club d'art.
I love painting and I am a member of an art club.

Je joue au football avec des amis de longue date.
I play soccer with long-time friends.

J'aime la nature et je vais souvent camper avec ma famille.
I love nature and often go camping with my family.

J'adore aller au restaurant et découvrir de nouveaux plats.
I love going to restaurants and discovering new dishes.

Je pratique la natation pour me maintenir en forme.
I swim to stay in shape.

J'aime la culture et je vais souvent à des expositions d'art.
I like culture and I often go to art exhibitions.

J'adore la musique classique et je vais souvent à des concerts.
I love classical music and often go to concerts.

Je joue au golf avec des amis pour m'amuser.
I play golf with friends for fun.

J'aime passer du temps avec mes amis et ma famille en jouant à des jeux.
I enjoy spending time with my friends and family playing games.

Au restaurant - At the restaurant

Je voudrais commander le plat du jour, s'il vous plaît.
I would like to order the dish of the day, please.

Pourrais-je avoir la carte des plats, s'il vous plaît ?
Could I have the menu, please ?

Je pense que je vais prendre la soupe à l'oignon pour commencer.
I think I'll have the onion soup to start.

Je voudrais un steak avec des frites, s'il vous plaît.
I would like a steak and fries, please.

Pouvez-vous me recommander un plat végétarien ?
Can you recommend a vegetarian dish ?

J'aimerais commander une salade niçoise, s'il vous plaît.
I would like to order a Nicoise salad, please.

Pourrais-je avoir un peu d'aide pour choisir un plat s'il vous plaît?
Could I have a little help choosing a dish, please ?

Je voudrais un poisson grillé avec du riz, s'il vous plaît.
I would like grilled fish with rice, please.

Pouvez-vous me dire ce qu'il y a dans le plat du jour ?
Can you tell me what's in today's dish ?

Je pense que je vais prendre une pizza margherita, s'il vous plaît.
I think I'll have a margherita pizza, please.

J'aimerais un burger avec des frites, s'il vous plaît.
I'd like a burger and fries, please.

Pourriez-vous me dire si les desserts sont faits maison ?
Could you tell me if the desserts are home made ?

Je voudrais un poulet rôti avec une salade verte, s'il vous plaît.
I would like a roast chicken with a green salad, please.

Pouvez-vous me recommander un vin pour aller avec mon repas ?
Can you recommend a wine to go with my meal ?

Je pense que je vais prendre une omelette aux champignons, s'il vous plaît.
I think I'll have a mushroom omelet, please.

J'aimerais un sandwich au jambon avec des chips, s'il vous plaît.
I would like a ham sandwich with chips, please.

Pourriez-vous me dire si les desserts sont faits maison ?
Can you tell me if the desserts are homemade ?

Je voudrais un bœuf bourguignon avec des pommes de terre, s'il vous plaît.
I would like a beef bourguignon with potatoes, please.
Pouvez-vous me dire si les ingrédients sont frais ?
Can you tell me if the ingredients are fresh ?

Je pense que je vais prendre une quiche aux légumes, s'il vous

plaît.
I think I'll have a vegetable quiche, please.

Les couleurs - The colors

J'adore le bleu, c'est ma couleur préférée.
I love blue, it's my favorite color.

Le rouge est très vif et attirant.
The red is very bright and attractive.

Le vert est apaisant et rappelle la nature.
Green is soothing and reminds us of nature.

Le jaune est lumineux et gai.
The yellow is bright and cheerful.

Le noir est élégant et intemporel.
Black is elegant and timeless.

Le blanc est pur et simple.
The white is pure and simple.

Le gris est discret et sophistiqué.
The gray is discreet and sophisticated.

L'orange est chaleureux et joyeux.
The orange is warm and cheerful.

Le violet est mystérieux et raffiné.
Purple is mysterious and refined.

Le rose est doux et féminin.
The pink is soft and feminine.

La direction - The direction

Excusez-moi, pourriez-vous me dire comment aller à la gare ?
Excuse me, could you tell me how to get to the station ?

Pouvez-vous me montrer où se trouve la pharmacie la plus proche ?
Can you show me where the nearest pharmacy is ?

Pouvez-vous m'indiquer la direction de l'aéroport, s'il vous plaît ?
Can you give me the direction of the airport, please ?

Pourriez-vous me dire où je peux trouver un bon restaurant ?
Could you tell me where I can find a good restaurant ?

Je cherche le musée du Louvre, pouvez-vous me dire comment y aller ?
I am looking for the Louvre museum, can you tell me how to get there ?

Comment aller à la plage la plus proche ?
How to get to the nearest beach ?

Où se trouve le parc national le plus proche d'ici ?
Where is the nearest national park from here ?

Comment aller au stade de football le plus proche ?
How do I get to the nearest soccer stadium ?

Je suis à la recherche d'un supermarché, où je peux en trouver un ?
I am looking for a supermarket, where can I find one ?

Conclusion

Congratulations on getting to the end of this book ! Of course, you should continue to study French a little bit every day to improve and become more fluent. But between you and me, if you've made it this far, it's because you're a motivated person, so I'm sure you'll succeed in your goal of mastering the language of Molière ! On the other hand, I invite you to continue to be regular. As we've seen, it's better to practice your French a little bit every day than to go all out for a week and then do nothing for an entire month. Regularity is the key.

In fact, I invite you to make this book "your friend". Even if you have already read it from beginning to end, you can take it back to study again the most used words of the French language. Indeed, it is difficult to remember everything the first time, and recall is very effective in memorizing a language for a long time... and it is scientifically proven ! So don't let this beautiful book gather dust in a cupboard. Refer to it from time to time to refresh your memory and strengthen your learning. It's the key to success.

Finally, I would like to thank you. Indeed, I am happy to have been able to help you in your learning of French. I think we have a wonderful country full of cultural and culinary treasures. And to have foreigners who make the effort to learn our language, it's really a pleasure. I assure you, the French are quite friendly, and even if you don't speak French perfectly, they won't hold it against you. In fact, they will even be happy that you make the effort to integrate !

Je vous souhaite plein de bonheur.
Raphaël - *The French Guy* **- Pesquet**

Printed in Great Britain
by Amazon